Harley-Davidson
MADE IN U.S.A.
im Bild

Wolfgang Wiesner

Harley-Davidson® MADE IN U.S.A. im Bild

Motorbuch Verlag Stuttgart

Einbandgestaltung: Siegfried Horn

ISBN 3-613-01205-7

1. Auflage 1987

Eine Abteilung des Buch- und Verlagshauses Paul Pietsch GmbH & Co. KG.

Satz und Druck: Remsdruckerei Sigg, Härtel & Co., 7070 Schwäbisch Gmünd
Bindung: Großbuchbinderei E. Riethmüller, 7000 Stuttgart
Printed in Germany

Inhalt

Widmung und Danksagung

Dieser Band ist den Verrückten gewidmet, die überall auf unserem Planeten vergammelten Teilen nachjagen, hunderte Briefe verschicken, stundenlange Ferngespräche führen, auf ihren Treffen in stinkenden Kisten wühlen, sich über rostiges Zeugs freuen (für das sie auch noch absurde Preise bezahlen), über zerfledderten Broschüren Tränen vergießen, damit sie nach Tausenden von Arbeitsstunden rückständige Motorräder wieder bewegen können, obwohl es doch längst viel modernere und schnellere gibt.

Normalerweise überfliege ich Danksagungen ebenfalls. Doch bitte ich den Leser, die folgenden Liebhaber und Sammler des amerikanischen Motorrades wahrzunehmen. Sie haben, um dieses Buch mit ihrem Wissen oder Material zu verbessern, manche meiner menschlichen Mankos übersehen oder geduldig toleriert.

Ich bedanke mich besonders bei Buzz Buzzelli, Pressesprecher der Harley-Davidson Motor Company in Milwaukee, der meinen chaotischen Arbeitsstil ein wenig ausrichtete; Wolfgang Hübner, »Factory Endorsed Mechanic«, der versuchte, mir seine Erfahrungen mit Harleys aus vier Jahrzehnten zu vermitteln; Achim von Barnekow, freundlicher Sammler, dessen Literaturarchiv und Ideen mir sehr halfen; Benito Battilani, Vorsitzender des italienischen Veteranenverbandes, nicht nur wegen seiner makellosen frühen Renn-Harleys; Bud Ekins, Ex-Rennfahrer, Stuntman und heutiger Film- und TV-Ausstatter, weil er in seinem Herzen und seiner Werkstatt die Pionierzeit des amerikanischen Motorrades aufbewahrt; Mike Parti, mehrfacher Sidecar Grand National Champion, früherer Club-Biker, heute Restaurator, der eine wenig bekannte Tradition so würdig pflegt; Ray Borges und anderen Mitarbeitern des Archives der Harrah's Automobile Collection; dem peniblen wie begeisterten Motorrad-Historiker Joe Koller; dem verehrten Kollegen Dr. Helmut Krackowizer, über dessen Archivmaterial, Fotos und Ratschläge ich mich sehr freue; dem auf Vor-Weltkrieg-Eins-Motorräder und korrekte Daten eingeschworenen Dipl.-Ingenieur Carlo Heller. Die geschätzten Kollegen Steve Wright und Jerry Hatfield möchte ich ebensowenig vergessen wie den kalifornischen Restaurator Mike Shundo, den Chirugen Gregory Walter sowie den »Easyriders«-Verleger Joe Teresi.

Christel und ich besuchten sie und etliche andere. Ihretwegen war unser Leben in den letzten Jahren bunter und schöner. Nicht nur ihre Maschinen gefielen und imponierten uns. Einige von ihnen gewähren uns seitdem den Genuß ihrer Freundschaft.

Dafür sind wir dankbar.

Christel und ich im Februar 1986 bei Joe Koller in Wisconsin auf seinem original belassenen 1916er Gespann.

Noch ein paar persönliche Anliegen

Die Leser und Käufer meines ersten Bandes »Harley-Davidson – Mythos aus Chrom und Stahl« ermunterten mit ihrem so nicht vorhersehbaren Zuspruch den Motorbuch Verlag, diesen neuen und ersten richtigen Harley-Bildband zu riskieren. Außerdem wurde dadurch die Harley-Davidson Motor Company dazu bewogen, mich noch mal den Bilderschatz ihres Archivs plündern zu lassen. Dafür allen ein sehr herzliches »Mille Grazie«!

Der Fotoband, den Sie in der Hand halten, ist als Ergänzung zu »Harley-Davidson – Mythos aus Chrom und Stahl« gedacht und gemacht worden. Dieser andere, erste Band beinhaltet eine ausführliche, 200 Seiten umfassende Geschichte Harley-Davidsons nebst informativen Fotos. Ich habe mich hier bemüht, vor allem im »HD-Mythos« nicht aufgeführte Fakten und Zusammenhänge zu veröffentlichen. Zwischendurch werde ich welche wiedergekäut haben, wofür ich um Verständnis bitte. Textmäßig haben wir uns neben den Erklärungen zu den Fotos auf Einführungen in die Bildkapitel beschränkt, um ein Gefühl für die Zeit zu vermitteln, in der dieser Abschnitt der Firmengeschichte spielt.

Von den Fotos wiederholten wir hier keine zehn, doch zu diesen lag keine Alternative vor. In der Auswahl der Bilder habe ich mich auf die Firmengeschichte beschränkt. Zum einen hatte ich das authentische Originalmaterial, zum anderen ist z. B. eine Historie des auf HD-Basis entstandenen amerikanischen Custom-Bikes in seinen diversen Stilen und des sich um ihn gruppierenden Lebensstils eigentlich ein eigenes Buch wert und nähme hier nur Platz weg.

Für viele Freunde beginnt die Geschichte des Werks erst 1936 mit dem ersten OHV-Twin, der Knucklehead. Für andere war sie schon wieder 1928 mit der Two-Cam JDH vorbei, seitdem habe sich nichts wesentlich Avantgardistisches mehr getan. Die Geschmäcker sind halt hienieden vielerorts verschieden. Beide Zeitblöcke sowie besonders die heutige Nach-AMF-Evolution-Ära sind meines Erachtens faszinierende Kapitel der Motorradgeschichte, die es allemal wert wären, im Detail noch ausführlicher geschildert zu werden.

Es läßt sich nur abbilden, was eben schon abgebildet ist. So können wir trotz vieler hier zuerst veröffentlichter Fotos sicherlich nicht alle Experimental- oder Designprojekte aufzeigen. Die Versuchsabteilung des Werkes war und ist ein abgeschotteter Bereich. Ich konnte aber mit Mitarbeitern dieser Abteilung sprechen, die sich m. E. ziemlich frei äußerten und mir manch Neues mitteilten.

Die meisten der historischen Fotos wurden vom Werk im Lauf der Jahrzehnte bei den Pohlmann-Foto-Studios in Auftrag gegeben oder von selbständigen Fotografen angekauft, um die Werksunterlagen zu komplettieren bzw. damit sie in Veröffentlichungen der Firma verwendet werden konnten. Die Kosten für ein eigenes Fotostudio oder auch nur für angestellte Fotografen, Historiker o. ä., die z. B. über Jahrzehnte auf endlosen Reisen auch nur das nationale Renngeschehen hätten verfolgen und dokumentieren können, waren den mit Barmitteln stets knapp bemessenen Managern des immer vergleichsweise kleinen Werkes verständlicherweise zu hoch.

Die Pohlmann-Studios haben außer einem in sich nicht logischen, nicht mal kalendarischen Katalogsystem keine erklärenden Listen zu den Bildern geführt. Im Werksarchiv werden zu den wenigsten Fotos Daten bewahrt, manchmal immerhin eine Jahreszahl oder ein Name. Den Verantwortlichen sei das bewußt, sagt Buzz Buzzelli. Es ging aber ab 1980 mehr darum, den nackten Überlebenskampf zu überstehen, als die Werksgeschichte zu betrachten. Die Hälfte der Beschäftigten, darunter auch der Archivar, wurde ein Opfer dieses Überlebenskampfes. Zum Zeitpunkt des Erscheinens dieses Bandes wird aber wahrscheinlich wieder ein Archiv-Mitarbeiter angestellt sein. Der wird Jahre brauchen, das dortige Material zu sichten, zu katalogisieren, zu werten und aufzunehmen. Aber irgendwann, in vielleicht fünf oder sechs Jahren, haben die Freunde der Harley-Davidson-Tradition dann eine wirklich klare, sprudelnde Faktenquelle.

Um die Daten dieses Bandes dennoch korrekt zuzuordnen, habe ich im Werk recherchiert, amerikanische wie europäische Sammler und Kollegen belauscht, habe in mancherlei Fremd-Archiven gewühlt und dabei z. B. Berge von „Enthusiasts", anderer Werksliteratur, Jahrzehnte amerikanischer Motorradmagazine sowie diverse heutige US-Veröffentlichungen zur HD-Geschichte durchgewälzt. Bei etwaigen Widersprüchen zwischen „Mythos" und Bildband gilt das hiesige. Sollten dem aufmerksamen und kundigen Leser noch Fehler auffallen, die uns in diesem Band unterlaufen sein könnten – beneidenswert, wer frei davon – dann bitte ich ihn, nicht den ersten Stein zu werfen, sondern mich über den Verlag anzusprechen.

Jetzt möchte ich erklären, warum ich den »HD-Official Licensed Product«-Aufdruck übernahm. Dieser Band findet sicher seine meisten Interessenten, weil vorne »Harley-Davidson« draufsteht und wir innen drin in guter Qualität historische Werksfotos zeigen. Meine Kommentare und Erläuterungen sowie unsere Farbbilder werden hoffentlich gerne akzeptiert und lassen schwankende Käufer eher ihre Brieftasche öffnen. Aber Fakt ist, daß es – wenn auch unseres – vor allen Dingen ein Harley-Buch ist.

Die reprofähigen Fotos wurden mir ausgehändigt, als mich HD-Vizepräsident, Direktor für Marketing und Racing, Clyde Fessler, bat, über dieses Buch ein Lizenzabkommen einzugehen. Er garantierte mir dabei ebenso verbindlich wie ausdrücklich, daß die Lizenznahme keinerlei inhaltlichen Zensuranspruch beinhalte – in Milwaukee würde man meine Arbeit respektieren, niemand wolle das Manuskript vor der Veröffentlichung kontrollieren –, sondern allein auf die produktmäßige Qualität abziele.

Als Journalist ratterten mir erst einmal so hehre Begriffe wie Pressefreiheit, versuchte Einflußnahme durch. Nüchtern betrachtet stehen die jedoch nicht zur Diskussion. Durch die Vergabe des »Official Licensed Harley-Davidson Product«-Stempels will man zeigen, daß die damit ausgezeichneten Produkte ein den Standards des Werks entsprechendes Niveau erreichen. So läßt sich leichter gegen den Mißbrauch des Markenzeichens auf üblen oder ordinären Artikeln vorgehen.

Durch die Ausführung unserer beiden Harley-Bücher zeigen Verlag und Autor, daß sie diesen Wunsch respektieren. Weiter verstehen wir das Lizenzangebot sowie die eingeräumten Arbeitsmöglichkeiten auch als ein kleines Kompliment. Wir hätten dieses Buch sicher auch ohne den Lizenzstempel veröffentlichen können. Ob und wie und mit welchem Erfolg dann von seiten Harleys dagegen prozessiert worden wäre, sei dahingestellt. Wie man auf der Rückseite des Titelumschlags sehen kann, unterschrieb ich – nach Rücksprache mit dem Verlag sowie meinem Journalistenverband DJV – den von der Harley-Rechtsabteilung vorgelegten, auch finanziell fairen Vertrag.

Nachdem nun die Lizenzgeschichte abgehakt ist, möchte ich noch ein paar Worte über mein Verhältnis zur Harley-Davidson Motor Company verlieren: Anders als manche sparsamen Kollegen, die Biographien zu anderen Marken verfaßten, zahlte ich als selbständiger Autor alle Unkosten und Spesen zu meinen Harley-Büchern oder Artikeln selber. Weder empfing ich Sach- noch Geldspenden. Für die Vergrößerung jedes einzelnen Fotos mußte ich den Besitzern der Negative, den Pohlmann-Foto-Studios in Milwaukee, jeweils vier Dollar bezahlen.

Die eigenständige Exportorganisation Harley-Davidson International an der Ostküste komplizierte meine Arbeit durch unverständliche Interventionen, die die Arbeits- und Terminzusage der deutschen Harley-Davidson GmbH aufhob. Ich bin trotzdem in die Staaten gefahren und habe dort den scheinbar nicht »Nein« sagen könnenden Designchef Willie G. Davidson so lange belagert, bis er sich für mich stark machte. Ohne seine persönlichen Bemühungen und die des Pressesprechers Buzz Buzzelli hätten wir beide Bände nicht hingekriegt.

Allerdings verstehe ich, daß eine Firma, die – um ihr nacktes Überleben kämpfend – vor wenigen Jahren fast der Hälfte ihrer Beschäftigten kündigen mußte, seitdem einen aufwendigen Kampf um Produktqualität und Modernisierung des Herstellungsprozesses führt, andere Sorgen hat, als sich um einen mittelmäßigen Journalisten in einem von den HD-Verkaufszahlen her noch mittelmäßigeren Land zu kümmern. Doch das nur nebenbei.

Durch meine Arbeit genoß ich ein Privileg: Über die Jahre konnte ich etliche zehntausend Kilometer mit Pressemaschinen runterspulen und »erfuhr« am eigenen Leib den dramatisch zu nennenden Qualitätszuwachs seit dem AMF-Rückkauf, besonders seit der Einführung der V2-Evolution-Reihe.

Von Werksseite haben sich um dieses Buch besonders Buzz Buzzelli (er heißt wirklich so), Clyde Fessler (wir sind zwei mehr, die ihre Zeit in B. C. und A. C. – Before and After Clyde – einteilen!) und Willie G. Davidson verdient gemacht. Hoffentlich sind sie vom Ergebnis nicht enttäuscht.

Doch nochmals vielen Dank an Leser und Verlag, die mir mein interessantes Hobby, die Geschichte dieser Motorräder und der mit ihnen verbundenen Persönlichkeiten zu verfolgen, gar als Lebensunterhalt ermöglichen.

Einleitung

Anfang unseres Jahrhunderts befanden sich die Zentren des wenig erschlossenen Gebietes der Vereinigten Staaten in einem gewaltigen industriellen Aufschwung. Seit dem Bürgerkrieg setzten sich neue Herstellungstechniken durch und ermöglichten mit nicht dagewesenen minimalen Verarbeitungstoleranzen erst in der Waffenfertigung und der Schwerindustrie, dann bald bei Konsumgütern wie Agrarmaschinen, Nähmaschinen und Fahrrädern, eine wirkliche Massenproduktion. Die amerikanischen Konstrukteure profitierten dabei nicht allein von ihrem Erfindungsreichtum und die sie finanzierenden Finanziers nicht nur von ihrem Wagemut. Sie konnten in der Erschließung stehende Rohstofflager nutzen, von denen aus die den Kontinent überspannenden Eisenbahnen und die Frachtdampfer auf den breiten Wasserwegen günstig ihre Verarbeitungsstätten belieferten.

Im Verlauf dieses Prozesses setzte sich zuerst auf der Welt in den Vereinigten Staaten die kostengünstige und Qualität steigernde industrielle Massenfertigung durch. Als so die USA zu einem übermächtigen Gegner auf den Märkten der Welt heranwuchsen, bequemte man sich in den von Dünkeln befangenen Republiken, den Kaiser- und Königreichen Europas, die »Yankee Ingenuity« wahrzunehmen. In den europäischen Industrienationen versuchte man aber, sich über dieses Phänomen letztlich hinwegzusetzen.

Denn vor allen Dingen machte die tatkräftig-demokratische, seit dem überstandenen Bürgerkrieg in einem demokratischen Pioniergeist geeinte Bevölkerung mit Ungestüm vorher ungeahnte Kräfte frei und stellte alles bisher an menschlicher Produktivkraft Dagewesene in den Schatten. Trotz des nie bestrittenen amerikanischen Profit- sowie des technischen Vorwärtsstrebens war und bleibt der Hauptfaktor des Fortschritts der in den dortigen demokratischeren gesellschaftlichen Verhältnissen freier über seine Fähigkeiten verfügende Mensch, seine pragmatische Einstellung und seine zupackende Arbeitsweise.

Dennoch – die »guten alten Zeiten«, sie waren auch in den USA schlimm. Sie zeigten sich besonders widerlich eben in den Industriezentren im Osten und Mittelwesten des nordamerikanischen Kontinents. Die in einem scharfen Wettbewerb stehenden Unternehmer machten mit den von ihnen Beschäftigten quasi was sie wollten. Sie zahlten lächerliche Löhne, und selbst die schienen ihnen oft zu hoch. Manche Arbeitgeber bestellten sich aus den Pazifik-Randstaaten chinesische Kulis oder aus den Südstaaten Plantagenneger, die fähig waren, für fünf, sechs Dollar die Woche pausenlos zu schuften. Doch so weit her brauchten die zu einem Hungerlohn Arbeitswilligen gar nicht geholt zu werden.

Millionenfach strömten die Einwanderer aus Europa nach – bereit, ihre auf gerechten Lohn und Würde bedachten Kollegen zu ersetzen. Länger als im alten Europa hielt in den Staaten darum auch die Kinderarbeit an. Noch 1900 wurden allein die in der Industrie beschäftigten Kinder auf gut zwei Millionen geschätzt.

Wer einen Job annahm, mußte auch dessen Risiken akzeptieren. Dauernd ereigneten sich Arbeitsunfälle. Eine Million Arbeiter starb jährlich oder wurden unter diesen Arbeitsbedingungen Invalide. Stahlwerker, Bergleute, Eisenbahner waren dabei noch gefährdeter als die in anderen Branchen Tätigen. Meist übernahmen die Industriellen die Kosten für einfache Beerdigungen der auf der Arbeit Getöteten; damit sahen sie aber auch schon ihre soziale Verantwortung ausgeschöpft.

Das einzig sichere im Lebensstandard der abhängig Beschäftigten war ihre existentielle Unsicherheit. Während der Depression von 1893–1898 stieg die Arbeitslosenrate auf unglaubliche zwanzig Prozent. Eine halbwegs soziale Gesetzgebung – wie schon im Bismarckschen Deutschland Alltag – war in den USA so gut wie unbekannt, und sie sollte es noch lange bleiben. Vom Staat geförderte und kontrollierte Krankenkassen, Arbeitslosengeld, Betriebsverfassungen, Mietrecht sowie andere gesellschaftliche Grundlagen eines akzeptablen Lebensstandards schienen Traumziele. Trotzdem fanden wilde Agitatoren oder auch nur Gewerkschaften wenig Anhänger. Im Jahre 1900 waren in den Staaten gerade 3,5 Prozent der Industriearbeiter gewerkschaftlich organisiert. Wenn die unorganisierten Arbeiter spontan streikten, dann fast immer um Lohnerhöhungen, die sowieso gering genug ausfielen. Drohte sich mal ein Streik auszuweiten oder Erfolg zu haben, forderten die Fabrikanten Polizei, wenn nötig Nationalgarde oder Armee an. Schließlich standen Recht, Gesetze und Justiz auf der Seite der Industrieoberen. Doch war die herrschende Stimmung bei den amerikanischen Arbeitern bei weitem nicht Verzweiflung oder Wut, im Gegenteil. Denn anders als in Europa waren die sozialen Schichtungen der USA durchgängiger, fand der Geschickte oder Geschäftstüchtige, auch wenn er aus einfachen Verhältnissen stammte, phantastische Aufstiegsmöglichkeiten vor. Einfache Arbeiter vollzogen oft die uns Europäern so unglaublichen Millionärskarrieren. Vor diesem Hintergrund erstaunt kaum die Initiative und Hartnäckigkeit, mit der viele Arbeiter eigene selbständige Existenzen aufbauten, um ihre persönliche Variante des »American Dream« zu verwirklichen.

Um eine konkrete Vorstellung von den Lebens- und Arbeitsumständen jener Zeit zu gewinnen, sollten wir uns ruhig noch einige nicht sonderlich appetitliche, drastische Alltagsdetails vergegenwärtigen:

Die Fabrikschornsteine stießen ungehemmt ihre Abgase voll von Giften, Schwefel, Kohlenruß, Jod usw. auf die umliegenden Siedlungen. Um die Schlachthöfe von Chicago oder Milwaukee z. B. lagen Zonen unerträglichen Gestanks. Weil es keine organisierte Müllabfuhr gab, überließ man die Verwertung der auf den Stadtstraßen verrottenden Abfälle den – allerdings reichlich vorhandenen – frei umherziehenden Schweinen.

Viele Bürger und Arbeiter hielten sich nämlich Schweineställe, die sie morgens öffneten, damit sich ihre grunzenden Hausfreunde tagsüber ihr Fressen selber suchen konnten. So sparte man außer den Futterkosten auch viel des sonst nötigen Ausmistens ein, denn natürlich schissen nun die frei umherlaufenden Schweine auf die Straße statt in die Ställe. Das damalige Zahlenverhältnis Schweine–Menschen schätzte man eins zu eins.

Von den teuren und nicht so einfach zu haltenden Pferden gab es deutlich weniger. Da kam auf zwei Menschen ein Gaul. Dafür kackten die Klepper mehr. Eine ausgewachsene, gut im Futter stehende Schabracke ließ am Tag allemal zehn Kilogramm Roßäpfel fallen. Und auf jeden einzelnen Pferdeapfel stürzten sich die Fliegen.

War es regnerisch, versprühten die über die matschigen Straßen rollenden Fuhrwerke den

Mist, im trockenen Sommer schwebte der Dreck als staubiges Puder in der Luft. Nachweisbar atmeten unsere Groß- und Urgroßeltern in den Städten ein weitaus stinkenderes, gesundheitsgefährdenderes Schmutz- und Gasgemisch in ihre Lungen ein als selbst das, was uns heute zugemutet wird.

Auch war das Verkehrsaufkommen bezogen auf die Bevölkerungszahl nicht viel geringer als heute. Selten waren Straßen geteert oder gepflastert. Auf ihrem Schmodder kam es regelmäßig zu chaotischen Verkehrsverhältnissen mit ineinander verhakten Gespannen, unruhigen, manchmal durchgehenden Pferden, wütenden Kutschern, bimmelnden Trolleys oder Straßenbahnen. Die befanden sich genau wie Droschken und Lastkutschen im Privatbesitz. Ihre Fuhrmänner mußten möglichst viele Passagiere oder eine Ladung möglichst schnell transportieren, sonst waren sie ihren Job bald los. Darunter werden auch die allgemeinen Umgangsformen gelitten haben. Gegenüber diesen Zuständen sind unsere heutigen Staus wahrscheinlich geordnete, kultivierte Veranstaltungen.

Als sich dann in den letzten Jahrzehnten des ausgehenden 19. Jahrhunderts das Fahrrad vom unbequemen Hochrad in die Form wandelte, die es prinzipiell auch heute noch hat, setzte ein wahrer Boom ein. Ob Mann, ob Weib, ob jung, ob alt – jeder wollte unbedingt so ein modernes Ding haben. Schließlich waren die neuen, gebrauchstüchtigen Stahlrösser billiger, sauberer, einfacher zu halten und zu bewegen als die hochtrabenden, riechenden Rösser aus Fleisch und Blut. Das Versandhaus Sears & Roebuck bot um die Jahrhundertwende Fahrräder verschiedener Qualität und Ausstattung zwischen zehn und zwanzig Dollar an. Die damalige junge Generation erlebte die allgemeine Verfügbarkeit des Fahrrades als wahren Segen.

Es sprossen die Radfabriken, -läden, -clubs, -zeitschriften und Zubehörversender nur so aus dem Boden. Neue Moden und sogar besondere – teils gebührenpflichtige – Radstraßen entstanden. Sportliche Wettbewerbe aller Arten wurden veranstaltet. Professionelle Spitzenradler erfreuten sich bei Langstreckenrallyes, Stadtkursen oder Sprintrennen auf eigens dafür gebauten Holz- oder Zementbahnen begeisterter Beliebtheit. Doch dieser Enthusiasmus konnte die normalen Velocipeden kaum über ihren abendlichen Muskelkater und die ernüchternde Erkenntnis hinwegtrösten, daß trotz aller Vorteile auch das vom Menschen fortbewegte Zweirad als Individualfahrzeug noch ziemlich umständlich und anstrengend war.

Als dann aber kurz vor der Jahrhundertwende aus Frankreich die ersten – meist in Dreiräder eingebauten – kleinformatigen Verbrennungsmotoren von De Dion-Bouton oder Aster in die USA kamen, fanden sie ein geradezu hungriges Publikum vor. Sehr bald kopierten etablierte amerikanische Fahrradwerke wie auch schnell gegründete Garagenfirmen diese Konstruktionen. Nicht immer erfolgreich. Oscar Hedstrom, der erste Indian-Konstrukteur, erinnerte sich, daß bei einem Steherrennen das dem hinterherstrampelnden Fahrradfahrer eigentlich Windschatten und damit höheres Tempo liefern sollende Motorrad so lahm und ungleichmäßig lief, daß der genervte Radler es schließlich überholte und weit hinter sich ließ. Was Hedstrom veranlaßte, schnellere, zuverlässigere Steher-Maschinen zu bauen und zu verkaufen.

Marsh, Orient, Thomas Auto-Bi, Aurora-Thor, Indian zählten zu den besseren frühen Kopisten. Ihre ersten Designs beschränkten sich mehr oder weniger darauf, in – manchmal verstärkte – Fahrrad- oder Diamant-Rahmen ihre Version der französischen Einzylindermotoren einzusetzen. Die waren meist noch relativ unglücklich eingebaut, ihre Aufhängung strapazierte die Rahmen zu sehr, auch lag der Schwerpunkt der motorisierten Fahrräder allgemein zu hoch.

Das erste Motorrad namens Harley-Davidson.

MOTOR
HARLEY-DAVIDSON
CYCLES

Frühzeit

In Milwaukee stellte Fred Merkel 1901 in einer hübschen kleinen Broschüre sein erstes Motorrad vor: ein Fahrrad mit Motor über dem Tretlager, dessen Auspuff direkt in den Rahmen geführt wurde. Ob das die Geräusche verringerte, wie Merkel schrieb – wer will das heute sagen, da die erste Merkel nicht mehr existiert. Sicher wurde der Rahmen von den eingebohrten Löchern nicht stabiler oder von den durchgeschossenen heißen Gasen nicht kühler. Er wurde trotzdem einige davon los, denn was hätten die Kunden auch anderes kaufen können: Weder Markt noch Angebot waren entwickelt.

Wer ein motorisiertes Zweirad bewegen wollte, hatte nur die Auswahl unter unfertigen Konstruktionen. Das mag 1901 ein letzter Anstoß für Bill Harley und Arthur Davidson gewesen sein, daß sich die seit ihrer Kindheit befreundeten jungen Metallarbeiter ihre eigenen Gedanken darüber machten, wie solch ein kleiner Motor und noch mehr ein komplettes Motorrad zu funktionieren und auszusehen habe. Arthurs Brüder Walter und William, ebenfalls an allem Mechanischen interessierte Metaller, beteiligten sich zunehmend an ihren Experimenten. Die vier entwickelten nach etlichen Rückschlägen bald ihr erstes eigenes, überragend modernes und dennoch robustes Motorrad. In den alten Magazinen von 1903 fällt einem gerade mal die Werner als ein ähnlich wegweisendes Modell wie die erste Harley-Davidson auf.

Von der wurden wahrscheinlich 1903 nur eins, 1904 drei und 1905 fünf von den vier Werksgründern in ihrer mehr oder weniger knapp bemessenen Freizeit gebaut. Mit dem übrigbleibenden Geld aus den frühen Bestellungen kauften sie Werkzeug und stellten ihre ersten Angestellten an. Mit diesen neuen Mitarbeitern produzierten sie 1906 weitere fünfzig Exemplare dieses Types. Das vergleichsweise moderne Design, der gut mit Schwungmasse versehene, schwerpunktmäßig niedrig im stabilen Schleifenrahmen liegende Motor, der sich über Vergaser und Zündung regulieren ließ, der nachspannbare Riemenantrieb sowie die von Anfang an aufgewandte Sorgfalt bei Materialauswahl und -dimensionierung überzeugten ihre ersten Kunden.

Die aufgeführten Werte beeindrucken und dürfen soweit von den realen nicht entfernt gewesen sein, denn das hätte sich unter den Enthusiasten rumgesprochen und die weitere Entwicklung des jungen Werkes behindert. Als Höchstgeschwindigkeit wurden 45 Meilen, als Verbrauchswert die Tankmenge von 1,5 Gallonen für mindestens hundert Meilen angegeben. Die im Öltank enthaltenen knapp zwei Liter sollten für 750 Meilen reichen. Eine Gallone Sprit, also etwas mehr als dreieinhalb Liter, kostete damals zehn bis fünfzehn Cent. Nur mußte man danach suchen. Erst 1912 öffnete die erste amerikanische Tankstelle. Wo? Welche Frage. Natürlich in Los Angeles!

Das »Harley-Davidson-Werk«, nachdem es im Umfang mehr als verdoppelt wurde. William C. Davidson, der Vater der drei Davidson-Brüder, Schreiner und Zimmermann, errichtete seinen Jungs für ihre Basteleien die erste Baracke 1903 auf dem familiären Anwesen und verdoppelte sie 1905 zur hier abgebildeten Größe.

Mitten im Werk an der Juneau Avenue fand das erste Harley-Davidson-Gebäude dann seinen ehrenden Platz, bis es aus Versehen niedergewalzt wurde. Den gerne gesehenen Besuchern mußte man eine Attraktion weniger vorführen.

1904
1905
HARLEY-DAVIDSON MOTOR CO.
1908 - 1909

Walter Davidson im Frühjahr 1906 auf einem Prototyp, der eine Vorstufe von Bill Harleys Springergabel trägt und dann so nicht in Serie gegangen ist. Im Hintergrund links das sich auswachsende Werk, rechts das elterliche Haus der Davidsons. Bemerkenswert der damals übliche, ungepflasterte Zustand der Straße.

Von den Firmengründern testete besonders Walter Davidson die Neuentwicklungen. Seine technische Sensibilität konnte sich durchaus mit seinem Fahrkönnen messen, was seine sportlichen Erfolge belegen. Arthur Davidson besorgte sich auf seinen Händlergewinnungs-Fahrten durch das weite Land beste Erkenntnisse über ihr Motorrad. Bill Harley war sowieso als »Motorcycle Nut« bekannt: Wenn der verantwortliche Konstrukteur nicht an seinen Geräten oder Komponenten für die Maschine tüftelte, bewegte er sie gerne draußen. Im Beiwagen nahm er oft seinen etwas älteren und gesetzteren Freund William Davidson mit, der als einziger der vier nicht so gerne selber fuhr. Allerdings war es Bill Davidsons Job, die Änderungswünsche der anderen

1907 wurden 154 Maschinen ausgeliefert. Erstmals wurde nun die von Bill Harley ausentwickelte Springergabel eingebaut. Diese war um einiges robuster und stabiler als die vorher abgebildete. Sie galt bald als Industriestandard und war in Komfort und Radführung z. B. der vorderen Blattfederung von Indian überlegen. Ansonsten finden wir an der Einzylinder noch außen verlegte Züge und Batteriezündung.

1908 stellten 35 Mitarbeiter 450 Harleys her. Der Zylinder wurde in der unteren Hälfte ohne Kühlrippen gegossen, weil Bill Harley bei seinem in der Entwicklung stehenden V2 vor den baugleichen vorderen Zylinder eine Magnetzündung unterbringen wollte, für die er anders keinen Platz fand. Weiter wurde die Gabel etwas begradigt sowie der zweite Behälter zwischen Hinterrad und Rahmenschleife zugegeben. Schön erkennen läßt sich hier einmal mehr, wie der Auskuppel- und Spannmechanismus des Riemenantriebs funktionierte.

Der Hubraum wurde 1909 auf 35 cu.in. (500 ccm) gesteigert, das Schwungrad vergrößert, der Einzylinder wieder anders gegossen, der Auslaßport ist nicht mehr so seitlich. Die Bedienungszüge für Zündung und Gas wurden in die Lenkrohre verlegt, noch außen bleibende Partien mit Leder verkleidet. Die Batteriezündung wurde noch beibehalten.

drei in die Fertigung umzusetzen, ohne daß die Produktion stehenblieb oder die Neuheiten noch nicht serienreif waren.

Diese Verbindung mit der Praxis begründete den gesund-pragmatischen, fast demütigen Realismus der HD-Namensgeber. Darum hatten sie auch selten Probleme, Fremdkomponenten in ihre Motorräder zu übernehmen, wenn sie meinten, die nicht besser oder preiswerter hinzukriegen. Obwohl damals noch an Colonel Bowden hohe Lizenzgebühren für die Verwendung seines patentierten Bowden-Prinzips zu zahlen waren, produzierten und verwendeten sie lieber diese alltagstauglichen Züge, statt wie andere Firmen aufwendige und empfindliche – aber gebührenfreie – Gestänge mit Kardangelenken zu konstruieren. Ähnliches galt z. B. für die Bosch-Magneten, denen man lange den Vorzug vor ihren preiswerteren, aber empfindlicheren US-Konkurrenten gab.

Andererseits reizte es sie, zugekaufte Fremdteile in der Qualität zu übertreffen. Ihr eigenes elektrisches System, das schließlich die Magnetzündung ablöste, war dem Vorgänger überlegen. Ihr dann selbst hergestellter Beiwagen brauchte sich keinesfalls vor dem vorher von ihnen vertriebenen Fremdprodukt zu verstecken. Nach einigem Ärger machten sie schließlich sogar ihre Schrauben selber.

Als Werksprinzip galt, alltagstaugliche, bewährte Konstruktionen anzubieten – auch wenn man damit später den Markt erreichte als eiligere Konkurrenten. Das zeigte sich anfänglich mit der dann ziemlich ausentwickelten Springergabel. Ihr klassisches Prinzip wurde die nächsten 40 Jahre beibehalten, allerdings immer mal wieder in der Ausführung verbessert. Der für seine Brough-Superiors keinen Aufwand scheuende britische Motorradbauer Georg Brough ließ sie sich für seine teuren Spitzenprodukte lizenzieren und setzte sie über zwanzig Jahre ein.

Nach einer Broschüre von 1913 vergrößerte sich das Werksgelände ab 1905 bis 1912 von anfänglich zwanzig auf 19 000 qm, die Mitarbeiter-

Seinen ersten V-Twin hatte Bill Harley schon vor 1908 ziemlich produktionsreif; in einem voreiligen Bulletin für das Jahr 1909 kündigte man diese frühe Version an und bildete sie als Modell 5D ab. Er wurde von einem ziemlich hoch angebrachten HD-Vergaser versorgt sowie von einem Zahnriemen angetrieben.

Als der Harley-Davidson V2 schließlich 1909 auf den Markt kam, war er mit den sonst nicht mehr verwendeten kleineren 1908er-Zylindern ausgestattet. Weil eine Spannvorrichtung für den Antriebsriemen fehlt, bleibt die Frage offen, wie der Riemenschlupf kontrolliert wurde. Vorne der Bosch-Magnet, der über ein Zahnräderwerk angetrieben wurde. Statt des eigenen HD-Vergasers verwendete man nun den wegen seiner enormen Stückzahlen preiswerter zu beziehenden Schebler-Vergaser. Der Hubraum maß 49.48 cu.in., also 800 ccm. Er war getriebelos und trotz bekannt guter HD-Verarbeitung waren weder Publikum noch Werk sonderlich unglücklich, als er im Modelljahr 1910 eingestellt wurde. Nicht zuletzt, weil die »automatischen« (Schnüffel-)Einlaßventile unmodern wurden. Er schien kein großer Schritt vorwärts zu sein. Heute allerdings wäre der erste Harley-Davidson-Twin Krönung jeder Sammlung.

Der Einzylinder von 1910 mit Mabon Handkupplung am Lenker, Rückdämpfer und Zahnriemen. Harley stattete eine kurze Weile wahlweise seine Maschinen mit dem sogenannten V-Belt aus, ging davon aber bald wieder ab. Das Foto wie die der anderen in dieser Ecke geknipsten Maschinen, gab die Firma erst viel später – irgendwann in dcn 20er Jahren – in Auftrag. Dazu wurden die Geräte aus dem Keller geholt. Weiß der Teufel, was danach mit diesem Stück passierte, jedenfalls war es weder im HD-Museum noch in dem dazugehorigen Depot zu finden. Nichts ist überliefert, aber man darf das Vehikel getrost als Versuchsfahrzeug sehen, darauf deutet die am Tank belassene Kulisse des sonst verwendeten Kupplungshebels hin.

Ab 1911 wurden die HD-Motoren mit mechanisch gesteuerten Einlaßventilen ausgerüstet, was sofort verbesserte Leistung und auch eine angenehmere Erscheinungsform mit sich brachte.

William A. Davidson, Walter Davidson, Arthur Davidson, William S. Harley, vor dem Ersten Weltkrieg.

zahl wuchs von 4 auf 1076 und der Motorradausstoß von fünf auf über 17 000 Stück. Das rasante Wachstum setzte sich fast bis zur großen Wirtschaftskrise der zwanziger Jahre fort. Das erste Harley-Davidson-Gebäude fand dann seinen ehrenden Platz im späteren Firmensitz an der Juneau Avenue. Dort wurden gerne Besucher empfangen, die das Gebäude besichtigen wollten. Dies ging so lange, bis während des Zweiten Weltkriegs von außen kontraktierte Caterpillar-Fahrer bei Bauarbeiten für eine weitere Fabrikerweiterung die Baracke, die sie für einen überalterten Werksschuppen hielten (was ja irgendwie stimmte), unrestaurierbar plattwalzten.

Aus den alten HD-Anzeigen schaut einem immer wieder der sichtlich stolze Walter Davidson entgegen, der als Fotomodell für die frühe Firmenwerbung posierte. Sein Selbstbewußtsein war begründet. Mit dem Bemühen um glatteres Styling wird ab etwa 1911 eine zunehmende Sicherheit der vier Gründerväter erkennbar. Harley-Davidson brachte zahllose »Problemlösungen« in die junge Branche ein. Das erste Jahr des »fulfloteing«-Sattels war 1912, sein patentiertes Prinzip wurde die nächsten Jahrzehnte beibehalten. Im offenen Standrohr des Rahmens befanden sich über eine Länge von 35 cm zwei einstellbare progressive Federn, auf denen das Sattelrohr auflag. Der Sattel hatte so im Starr-Rahmen ca. zehn Zentimeter Federweg, zusätzlich zu den zwei, drei Zentimetern der am Sitzträger angebrachten Federn.

Der Starr-Rahmen wurde werksseitig beibehalten, denn andere intelligente Federungskonzepte wie z. B. das Cantilever von Merkel oder die Blattfederung von Indian nervten oft noch mit

Der Ful-Floteing-Seat sowie die Free-Wheel-Control kamen 1912. Die Free-Wheel-Control war eine der ersten wirklich funktionierenden Motorradkupplungen.

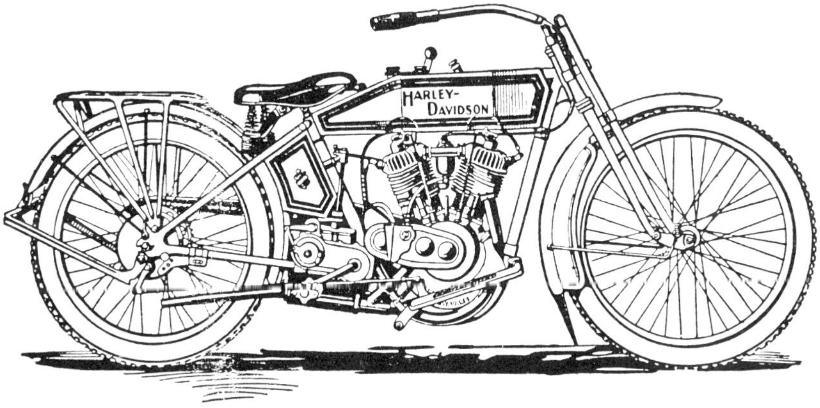

Im Modelljahr 1913 konnte wahlweise wegen der Free-Wheel-Kupplung der inzwischen dem Riemen überlegene Kettenantrieb verwendet werden.

Einer von den beiden mußte wahrscheinlich nach Hause laufen – es sei denn, der junge Pilot der 5-35 hat seine Dame so auf den Tank setzen können, daß sie weder mit dem langen Kupplungshebel noch mit den noch längeren Lenkstangen in Konflikt kam.

Im Sommer 1913 machte der HD-Pressesprecher Frank Rodgers auf eine Neuentwicklung von Bill Harley aufmerksam: den Motorcycle Truck. Im Winter 1912/13 war schon ein Prototyp des Dreirads von der Paketpost in Milwaukee zu deren Zufriedenheit eingesetzt worden. Trotz eines Preises von 425.- Dollar errechneten sich im täglichen Einsatz die Betriebskosten auf gerade mal Dreiviertel Cent pro Meile. Der bald beliebte Trike-Truck galt als flink und einfach zu handhaben. Das beim Truck außerhalb der normalen Baureihe zuerst verwendete Zweiganggetriebe mit Übersetzungen von 5:1 im hohen und 10:1 im niedrigen Gang paßte gut zum Charakter des Fuhrwerks. Vom Werk nannte man eine Maximalbelastung des Kastens von ca. 250 Kilo, doch wurde von weniger rücksichtsvollen Kutschern problemlos oft eine halbe Tonne geladen.

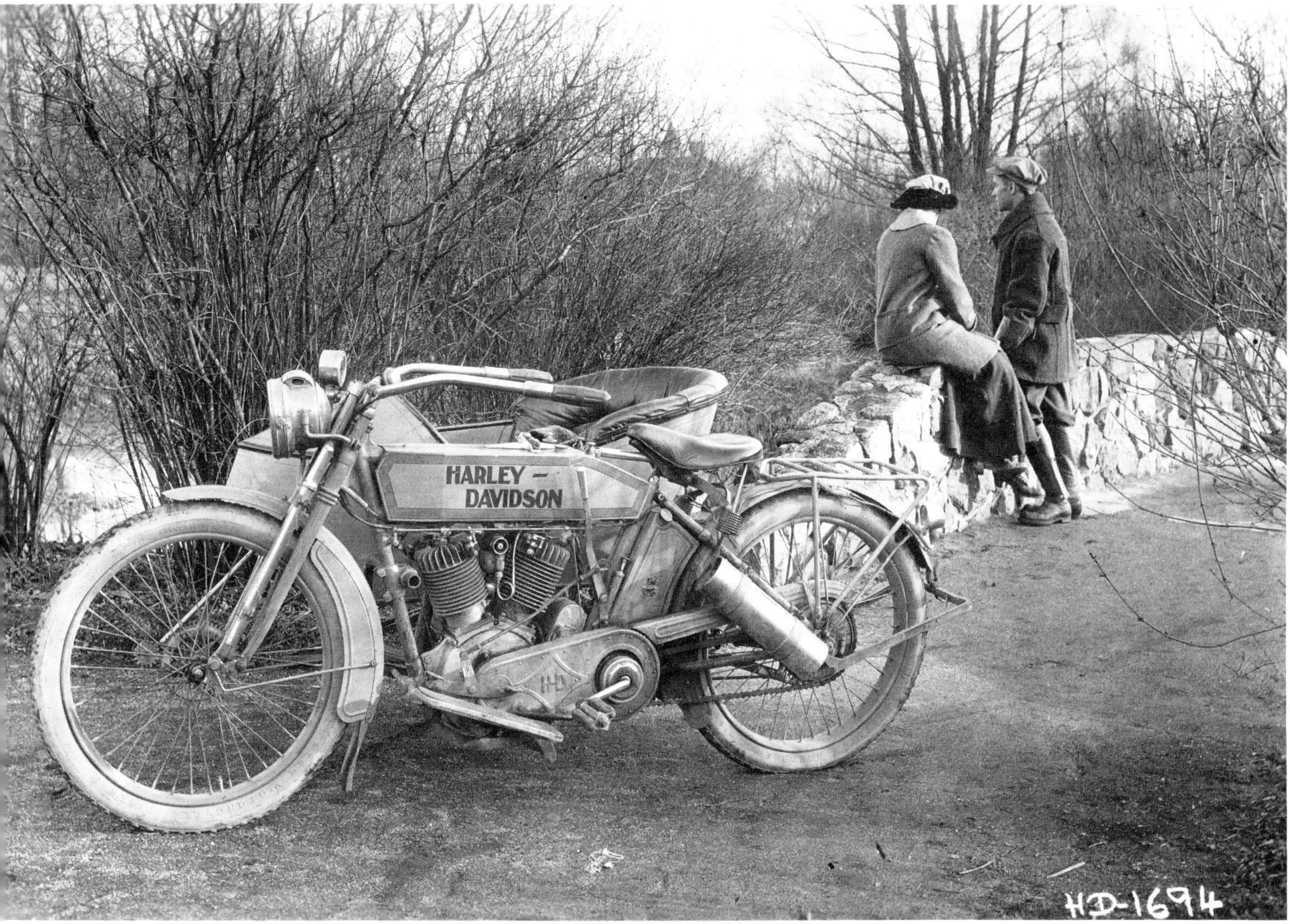

V2-Twin von 1914 mit in die Hinterradnabe eingebautem Zweiganggetriebe, Schalthebel auf dem Tank, Kupplung über Hand- oder Fußhebel, Step-Starter, neue Fußbretter, Band Brake. Die beiden haben sich mit Extras ihre 1000-ccm-Harley schön tourentauglich gemacht: Seitenwagen der Rogers Company aus Chicago. Das Beiboot kostete $ 75.-, Fracht extra. Prestolite Gasbeleuchtung, deren Tank hinten am Rahmen ist. Am Vorderrad der Tachometer, an der Gabel eine Luftpumpe.

Hinterrad-Wobbeln. Bei den üblen Straßen stellte sich das »ful-floteing«-Prinzip als ein Gewinn an Bequemlichkeit dar. Das Modell von 1912 kam mit einer weiteren, von Bill Harley und seinem Mitarbeiter Henry Melk entwickelten Neuheit, der Free-Wheel-Control. Sie war um die Hinterradachse gebaut, erleichterte das Anfahren und darf getrost als die erste erfolgreiche Motorradkupplung angesehen werden.

Über die zu jener Zeit straßenlose Prärie und die ebensolchen, aber mindestens so materialmordenden Rocky Mountains bewegten im Sommer 1913 Jack Purdy und Harvey Bernard ein HD-Gespann von Chicago über Cheyenne/Wyoming nach Denver/Colorado. Die Motorradzeitungen von damals meldeten gerne derartige Nachrichten, konnten sie so doch auf den noch völlig hoffnungslosen Zustand des allgemeinen

Straßennetzes hinweisen. Im Herbst 1912 z. B. war erst die erste Seitenwagentour von New York nach Chicago geschafft worden. Übrigens stand das erste US-Stop-Zeichen an einer Detroiter Kreuzung und verlangte von den dortigen Motoristen, etwas vorsichtiger auf sie zuzuhalten. Um 1914 wurde in Cleveland erstmals das einsam von grün über gelb auf rot blinkende Licht der Vorkämpferin all der unzähligen amerikanischen und ausländischen Verkehrsampeln erblickt.

1914 kam der V2-Twin mit vielen Verbesserungen heraus: Das in die Hinterradnabe eingebaute Zweiganggetriebe und die Kupplung waren nicht die einzigen Neuheiten. Der Step-Starter erleichterte das Anlassen der kettengetriebenen Modelle wesentlich, das Motorrad mußte nicht mehr auf seinem Rückständer angetreten werden. Die neuen Fußbretter wurden zum Treten hochgeklappt. Die Harley-Davidson Band Brake war eine aufwendige Eigenentwicklung, die für das Werk teurer wurde als die vorher auf dem Markt zugekauften Bremsen. Die Neue wirkte doppelt,

Modell 11-J, der 61 cu.in. V-Twin war das Spitzenmodell für 1915. Ausgestattet mit dem wiederum neuen, seitdem »am richtigen Platz« befindlichen und lange beibehaltenen Dreiganggetriebe, verbesserten Lagern, einfacher, aber ausreichender Ölpumpe, nach Werksunterlagen ca. 30 Prozent mehr Leistung. Die Beleuchtung war aufwendig und Teil der kombinierten Zünd- und Elektro-Anlage von Remy. Die Vorderlampe hatte zwei Birnen, das Rücklicht konnte leicht abgenommen und als mobiles Inspektionslicht eingesetzt werden. Weiter wurden vom Werk noch elektrisches Horn, Gepäckträger und der gefüllte Werkzeugkasten auf dem Tank zugegeben. Die Rahmenhöhe wurde etwas gesenkt, was die ins Auge fallenden halbkugligen Tankausschnitte nachzog. Der Preis des J-Modelles war mit 310.- $ deutlich höher als der anderer Harleys dieses Baujahres. Natürlich konnten auch bescheidenere Twins oder Einzylinder mit einem oder zwei Gängen und ohne die Remy-Ausstattung bestellt werden, die Preise bewegen sich von 200.- Dollar für die simple Single an aufwärts.
Mittleres Bild: Baujahr 1916

Ab 1917 vertrieb Harley-Davidson bis 1922 eigene Fahrräder, die in Zusammenarbeit mit der Davis Sewing Company hergestellt wurden. Neun verschiedene Typen sind bekannt. Außer diesem Rennrad sowie dem von Joe Koller im Farbteil konnten die Händler auch diverse schwere oder leichte Tourenräder, oben offene Damenräder und Jugendmodelle ordern. Bei den Gründern setzte sich wegen der nicht berauschenden Verkaufszahlen die Erkenntnis durch, daß ihre Motorräder einer- und die Fahrräder andererseits für zwei grundverschiedene Kundentypen vermarktet werden müßten. Das hieße also nochmal, den Markennamen in einem anderen Segment langfristig aufzubauen. Darauf wurde dann verständlicherweise verzichtet.

Behörden, Polizei, Post, Konzerne und ab 1916 die Armee setzten Zehntausende Harleys ein. Viele unwissende Mechaniker hatten sie zu warten, für sie wurden im Werk mehrwöchige Kurse abgehalten. 1916 wurde die Harley-Davidson-Service-School eröffnet, sie existiert bis heute.

einmal innen expandierend als Trommelbremse, außerdem mit einem außen auf die Trommel einwirkenden Bremsband. Die Kupplung konnte nun sowohl mit Hand- als auch Fußhebel betätigt werden.

Das Spitzenmodell für 1915 war mit dem wiederum neuen, seitdem »am richtigen Platz« befindlichen und lange beibehaltenen Dreiganggetriebe, verbesserten Lagern sowie einfacher aber ausreichender Ölpumpe ausgestattet.

Weil Harleys zunehmend von Behörden, besonders der Polizei und Post, großen Konzernen und ab 1916 auch bei der Armee eingesetzt wurden, waren die örtlichen Händler mit den Wartungs- oder Reparaturarbeiten schlichtweg überfordert. Außerdem wurde die Technik der Maschinen anspruchsvoller. Ein unkundiger Schrauber konnte an den Harleys nicht mehr viel erreichen. Als Ausweg bot sich ein Mechaniker-Internat mit mehrwöchigen Kursen an – die Harley-Davidson-Service-School. Sie existiert seit 1916 bis heute.

Die Bemühungen des Werkes für die amerikanische Rüstung wurden vom Kriegsministerium mit den dafür üblichen Ehrungen – z. B. der Verleihung der riesigen Fahne – geehrt. Allein die

Schichtwechsel am vorderen Büroeingang während des Ersten Weltkrieges. Das Kriegsministerium zeichnet das Werk für seine verläßlichen Lieferungen mit dem Excellence Award und andern dafür üblichen Ehrungen – z. B. der riesigen Fahne – aus.

US-Streitkräfte besaßen am Kriegsende 15 500 Solo- oder Gespann-Harleys. Außerdem setzten fast alle Armeen der gegen die Mittelmächte kämpfenden Nationen importierte HD-Militärmaschinen ein. Besonders auf den endlosen Versorgungslinien und bodenlosen Schlachtfeldern der französisch-flandrischen Front hob sich ihre großvolumige, robust gebaute Konstruktionsphilosophie günstig von den ökonomisch konzipierten europäischen Motorrädern ab. Nach dem Krieg waren dann die 1000-ccm-Maschinen in den alliierten Ländern bestens bekannt. Sie verkauften sich aber nie in Riesenmengen, denn die Einfuhrzölle in den europäischen Nationen und ihren Kolonien erzwangen hohe Preise, mit denen keine gewaltigen Markteinbrüche zu erzielen waren. In Europa kosteten die großen Hubraumklassen außerdem viel höhere Steuern und Versicherungsprämien.

In den Vereinigten Staaten wurden die Motorräder steuer- und versicherungsmäßig nach PS-Klassen eingeteilt. Darum erklären sich die PS-Angaben in den historischen Unterlagen nicht aus der wirklich vom Motor abgegebenen Leistung, sondern aus dieser Bewertungsmethode. Einen 61 cu.in. Twin rechnete man jahrzehnte-

Frühe Single 17C von 1917. Um die Werkskosten zu senken, steckte man den Einzylinder ab 1916 einfach in den Twin-Rahmen. Den Tank machte man für das Modell C noch extra: Er hatte nur die Delle für den Rokkerhebel seines einen Auslaßventils. Man sieht, wie sehr dem Rahmen der hintere Zylinder fehlt. Mit 240 Dollar mußte die C im Vergleich zu den J und F Twins 30 bis 70 Dollar billiger angeboten werden. Wegen der Kriegsproduktion und weil Publikums- wie Werksgeschmack sich mehr den Twins zuwendeten, wurde der Einzylinder bald – 1918 – eingestellt.

Im laufenden Produktionsjahr 1917 ersetzte das Werk die seit zehn Jahren applizierte und bestens eingeführte graue Lackierung ihrer Modelle mit einem khaki-oliv-farbenen Militär-Anstrich. Sogar das Kurbelgehäuse wurde hitzeresistent angemalt. Das geschah nicht allein aus Sympathie zu den in Europa kämpfenden jungen Landsleuten, wie gerne in den Werbebroschüren suggeriert wurde. Die zahllosen, vom Militär bestellten Motorräder und Seitenwagenkombinationen mußten denen in eben dieser Farbe ausgeliefert werden. So war es nur vernünftig, die beibehaltene Zivilmarkt-Produktion nicht durch einen zusätzlichen Lackierprozeß zu ziehen. 1918 änderte sich wegen der Militär-Produktion kaum was. Alle Kapazitäten des Werkes waren voll ausgelastet.

Das Army-Modell von 1918 mit der Prest-O-Lite-Gasbeleuchtung.

Das Werksgelände an der Juneau Avenue, als es 1919 gerade mal wieder ausgebaut wird. Die ersten zwanzig Jahre mußten die diversen Abteilungen regelmäßig umziehen, sich oft mit Provisorien abfinden. Manchmal wurde im Erdgeschoß eines Gebäudes schon produziert, während die Wände des ersten Stockwerkes erst hochgezogen wurden.

lang mit 8,68 Pferdestärken fest, einen 74 cu.in. Twin mit 9,5 PS. Die Werke inserierten sie meist als 8- oder 9-PS-Modelle. Jeder wußte, was gemeint war. Die seltenen Geschwindigkeitsangaben erzählen manchmal etwas über das Leistungsverhältnis. Amerikanische Motorräder galten damals im Vergleich mit den europäischen als ausgesprochen stark, schnell, innovativ und robust.

Die britische Fachpresse testete alle Jahre eine große Harley und maß sie schon während des Ersten Weltkriegs mit guten 18 PS aus, obwohl die Werksangabe an dem theoretischen Wert weiter festhielt. In Wirklichkeit leistete die große wechselgesteuerte Harley Big Twin dann in den zwanziger Jahren das Dreifache ihres 8- oder 9-PS-Nennwerts. Wenn konkrete Leistungsangaben über Pferdestärken oder Geschwindigkeit in den internationalen Motorradzeitschriften auftauchten, wichen sie manchmal erheblich voneinander ab und sind heute schwer nachzuprüfen. Ich habe heutige Besitzer nach der Leistung ihrer Schmuckstücke gefragt, aber kaum einer wollte seine Maschine mit Vollgas über die Autobahn hetzen. Manchmal habe ich daumenpeilende Mittelwerte angesetzt oder bin dem m. E. nicht so gewaltigen Problem aus dem Weg gegangen.

Frühe Rennen – Wrecking Crew

Zwischen den Veranstaltern, der Industrie, der Presse, der F.A.M (Federation of American Motorcyclists, erster nationaler Motorrad-Verband), dann intern zwischen Komitees und Präsidium der F.A.M., kam es vor Amerikas Eintritt in den Ersten Weltkrieg immer wieder zu Querelen über Abhaltebedingungen, Sicherheitsbestimmungen und Lizenzen im professionellen wie Amateur-Rennsport. Das Interesse der führenden Motorradfirmen an den eigentlich populären Veranstaltungen sank. Vermeidbar scheinende, häufig tödliche Stürze passierten beinahe regelmäßig auf den Boardtracks, den überhöhten Holzbahnen, seltener auf den Flat- bzw. Dirttracks, den ölgetränkten Pferderennstrecken. Darauf folgten unvermeidbar die Schuldzuweisungen und »Ich hab's ja gleich gesagt«. Nach dem sieben Todesopfer fordernden schweren Unfall im neuen Boardtrack-Motodrom von Newark/N. Y. am 8. 9. 1912 zogen die bis dahin dominierenden Firmen Indian, Excelsior und Thor bis Mitte 1913 ihr offizielles Rennengagement zurück.

Die Fabrikanten waren sich untereinander auch nicht sonderlich grün gewesen. Im Juni 1912 z. B. wurde im Fahrerlager des Philadelphia-Motodroms eine vierventilige Indian-Werksmaschine geklaut. Nur auf Verdacht, ohne die Spur eines Beweises, behaupteten die Indian-Anzeigen der folgenden Wochen, daß der Diebstahl von einer Konkurrenzfirma veranlaßt worden wäre, damit sie die Geheimnisse der überlegenen, schnellen Indians kennenlerne.

Der Sport ging ohne Werksunterstützung weiter. Ende 1912 errangen zwei nicht vom Werk unterstützte Fahrer auf normalen HD-Produktionsmaschinen einen neuen Flat-Track-Rekord: 350 Meilen in sieben Stunden. Im Sommer 1913 gewannen beim ebenso berüchtigten wie wichtigen 225-Meilen-Straßenrennen von Harrisburg nach Philadelphia und zurück Privatfahrer auf ihren Harleys jeweils die ersten drei Plätze sowohl in der Ein- wie auch in der Zweizylinderklasse. Andere Erfolge stellten sich ein. Lacy Crolius, der gewitzte damalige HD-Anzeigenleiter, 1905 von Walter Davidson als einfacher Maschinenführer eingestellt, setzte im Herbst 1913 in ganzseitigen Anzeigen im »Pacific Motorcyclist«, »Motorcycling« und anderen Journalen das schlitzohrige Statement ab, daß zwar das Werk keinerlei sportliche Aktivitäten unterstütze, trotzdem aber immer mehr Harleys Rennen gewännen. Die ruhigen grauen Burschen aus Milwaukee wären nicht nur wie überall bekannt zuverlässig, sondern auch sehr schnell.

Zu dieser Zeit war wohl durch solch ermutigende Ergebnisse längst die Entscheidung gefallen, eine dem Konstruktionsbüro angeschlossene, kleine Rennabteilung einzurichten. William Harley warb dazu von Thor in Chicago den ihm schon lange bekannten Rennleiter und Konstrukteur William Ottaway ab. Ottaway war von 1895 bis 1913 bei der Thor-Mutterfirma Aurora tätig gewesen. Unter anderem soll er dem Konstruktionsteam des von Aurora an Lizenznehmer ver-

Wettbewerbe liebte Walter Davidson geradezu und trat ab 1905 als erster Werkspilot der jungen Firma erfolgreich bei Rennen an. Manchmal schlugen sich bei Sportveranstaltungen auch erste HD-Teams mit Ehren, denen oft Bill Harley, Arthur Davidson und der findige Mitarbeiter Lacy Crolius angehörten, der später Anzeigenleiter wurde.

Diese 30.50 cu.in.-Rennmaschine vom Baujahr 1914 gilt als erste Frucht der bald die amerikanische Motorrad-Rennszene dominierenden Zusammenarbeit zwischen William Harley und William Ottaway und wurde vorwiegend auf den kurzen Viertel- oder Halbmeilen-Dirttrack-Kursen eingesetzt. Auf das Kurbelgehäuse des mit großer Schwungmasse ausgestatteten 5-35-Einzylinders setzten sie den vorderen Zylinder des moderneren V2-Motors. Innendrin arbeiteten sie sorgfältig und konservativ. Sie erleichterten und polierten die beweglichen Teile, setzten einen speziellen Kolben ein, vergrößerten den Einlaß für die mit verstärkten Federn ausgerüsteten Ventile, die sie genau einpaßten, erhöhten weiter mit leicht einstellbarem Vergaser und halbkugelförmig bearbeitetem Brennraum Drehzahlgrenze, Verdichtung wie Leistung. Dem normalen HD-Fahrwerk haben sie stark den Radstand gekürzt. Beachtenswert die starre HD-Renngabel sowie die zusätzliche Hand-Ölpumpe am Tank. Es dauerte aber zur Ausentwicklung der Renn-Ein- wie Zweizylinder noch eine Weile. Erst ab 1915 war die HD-Mannschaft das Team, das es zu schlagen galt.

Maldwyn Jones dominierte vor seiner Harley-Davidson-Zeit mit einer von ihm modifizierten Merkel 1913 bis 1915 die Half-Mile-Kurse. Er gewann bei 42 Starts 24 Rennen, war zehnmal Zweiter und dreimal Dritter. Die restlichen fünf Rennen war er in Stürze verwickelt oder hatte mechanische Ausfälle. Er soll den für Dirttrack-Rennen typischen Stahlschuh erfunden haben, jedenfalls verwendete er ihn als erster virtuos in seinem Fahrstil. Insgesamt fuhr er sechs Jahre für Flying Merkel, bis diese Firma 1916 einging. Jones unterhielt schon früh freundliche Beziehungen zu Bill Ottaway. Dem war Jones dann ab 1916 eine willkommene Ergänzung des HD-Teams. Nach Versuchen mit HD-Werksmaschinen behielt Jones für seinen Kurzstrecken-Renner Merkel-Rahmen wie Gabel bei. Der interessant aussehende Vierventil-Motor ist ein um den vorderen Zylinder erleichterter, neuer HD-Achtventiler. Jones blieb bis 1921 bei Harley. 1922 wechselte er als Profi zu Excelsior, später als Manager zum fast die ganze Branche beliefernden Vergaser-Hersteller Schebler.

Im September 1915 während des Hundert-Meilen-Eröffnungsrennens auf dem weitläufigen Maywood Board Speedway bei Chicago fuhren die HD-Werkspiloten auf den von Ottaway getunten Pocketvalve-Rennmaschinen beinahe geschlossen ins Ziel. Die Durchschnittsgeschwindigkeit betrug 89.11 mph, neuer Weltrekord. Diese Maschinen wurden fortan als »Chicago Harleys« gefürchtet. Links am Infield die Teamboxen. Der Chicago-Holz-Kurs war relativ lang und hatte nicht die extrem überhöhten, bis zu 60 Grad angewinkelten Steilwände der vom Promoter Jack Prince bald im ganzen Land errichteten Viertelmeilen »Soupbowls«.

gebenen und z. B. auch von Indian ab 1901 lange eingesetzten früheren Einzylindermotors angehört haben. Für seine Anstellung bei Harley-Davidson waren jedoch seine schnellen, weißlackierten Big-Valve Thor Rennmaschinen entscheidend. Im Dezember 1913 trat er seinen neuen Posten als Harley-Davidsons zweiter Konstrukteur und erster Tuner an.

Die ersten Monate beteiligte das Werk interessierte Händler an Organisation und Finanzierung seines neuen Rennstalls. Am 4. Juli 1914, dem Nationalfeiertag, fand das jährliche Dreihundert-Meilen-Rennen von Dodge City/Kansas statt. Das galt als ausgesprochene Materialschlacht und »Indianapolis der Motorräder«. Es wurde von Presse wie Publikum besonders beachtet. Nur zwei der sechs angetretenen Harleys erreichten am Schluß des Rennens das Ziel, die eine mit vierzig, die andere mit über sechzig Meilen Rückstand. Doch kämpfte bis Meile 120 ein HD-Fahrer mit dem späteren Gewinner auf Indian hart um die Führung, fiel aber dann mit Ketten- und Zündkerzenproblemen aus. Die zuschauenden William Harley und William Davidson hatten genug gesehen: Wären ihre Racer besser vorbereitet, könnten sie sich offenbar sogar gegen die achtventiligen Indians halten. In Milwaukee beschlossen die vier Gründer, ihr Rennengagement eigenständig und konsequent durchzuziehen.

Am 26. November 1914 trat zum erstenmal das offizielle HD-Werksteam beim 300-Meilen-Meisterschaftsrennen von Savannah an. Es gab mehrere Ausfälle durch Kerzenprobleme, der beste HD-Fahrer Janke kam aber immerhin als Dritter an. Mehr und mehr wurde Bill Ottaway zur Schlüsselfigur der Anstrengungen des HD-

Parkhurst's Rennen um einen Dirttrack-Kurs mit einem Flugzeug. Solche Pausen-Spektakel liebten Zuschauer wie Profis. Die einen wegen der zusätzlichen Abwechslung, die anderen wegen des Extra-Honorars. Spaß wird's allen gemacht haben, Parkhurst gewann natürlich.

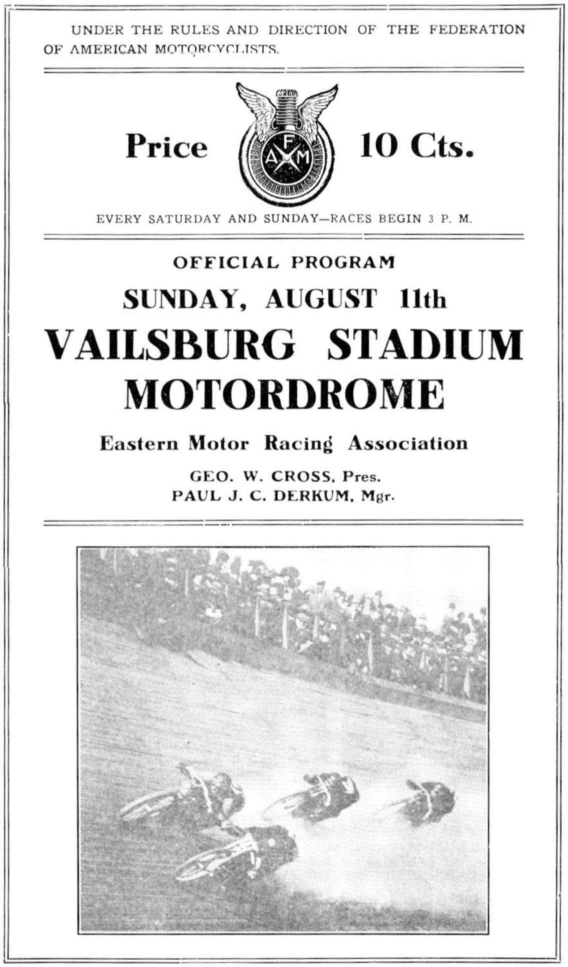
UNDER THE RULES AND DIRECTION OF THE FEDERATION OF AMERICAN MOTORCYCLISTS.

Price **10 Cts.**

EVERY SATURDAY AND SUNDAY—RACES BEGIN 3 P. M.

OFFICIAL PROGRAM

SUNDAY, AUGUST 11th

VAILSBURG STADIUM MOTORDROME

Eastern Motor Racing Association

GEO. W. CROSS, Pres.
PAUL J. C. DERKUM, Mgr.

Werksteams. Er setzte seine Tuner-Talente um, entschied als Rennleiter die Fahrerauswahl und gab seinem Kader disziplinarische Vorgaben. Seine Piloten mußten regelmäßig trainieren, lernen, sich im Rennen aufeinander abzustimmen, Fitneßübungen durchzuziehen, vor Rennveranstaltungen vernünftig bis enthaltsam zu leben. Keiner der Fahrer wurde prinzipiell durch Maschinenwahl oder Teamorder bevorzugt, was einen wettbewerbsfreudigen Geist in der Mannschaft wachhielt. Mit zunehmender Erfahrung überraschte er durch taktisch sinnreiche Rennvorbereitungen, die z. B. die nahtlose, zeitsparende Zusammenarbeit zwischen Piloten und gedrilltem Boxenteam ermöglichten. Allein beim Reifenwechseln oder Tanken sparte das Harley-Team im Vergleich zur Konkurrenz halbe bis ganze Minuten.

Beim 300-Meilen-Meisterschaftsrennen in Savannah/Georgia Anfang 1915 kam Janke auf Harley wieder erst als Dritter nach einer Indian und einer Excelsior ins Ziel, aber unter den ersten acht waren vier HD-Piloten. Der beste Teamerfolg. Otto Walker und Red Parkhurst holten schließlich im wichtigen 300-Meilen-Rennen von Venice/CA auf ihren Renn-Harleys die ersten zwei Plätze.

Walker gewann auch am 4. Juli 1915 die 300 Meilen von Dogde City in neuer Rekordzeit. Die ersten sieben Plätze – bis auf einen Excelsior-Reiter, der Dritter wurde – belegte das Rennteam aus Milwaukee. Alle acht gestarteten Harleys kamen ins Ziel, sechs unterboten die vorjährige Siegeszeit. Ein frappierender und überall diskutierter Erfolg. Von da an sollten Ottaways Fahrer neben unzähligen anderen Veranstaltungen die wichtigen jährlichen 300 Meilen von Dodge City bis zu ihrer Einstellung nach dem Krieg gewinnen.

Ottaway war entscheidend an der Organisation der sagenhaften Sporterfolge beteiligt. Der Markenname Harley-Davidson verdankt ihm viel seines frühen nationalen Ruhmes. Floyd Clymer, ein anderer der vielen beeindruckenden Pioniere der frühen amerikanischen Motorradgeschichte, arbeitete als Werksfahrer bei Excelsior, Indian und schließlich auch bei Harley-Davidson. Er erinnerte sich, daß Ottaway z. B. die leuchtend gelb- oder orange-schwarzen Sweater seines Teams eingeführt und auf deren Tragen bestanden habe. Nicht wegen der sich dann als angenehmes Beiprodukt einstellenden auffälligen Werbewirksamkeit, sondern damit er während eines staubigen Rennens von den Boxen aus immer die Position seiner Fahrer erkennen und rechtzei-

Beim 200-Meilen-Meisterschaftsrennen im Eineinviertel Meilen langen Ascot-Speedway bei Los Angeles im Juni 1919 gewannen gegen die in Bestbesetzung antretenden Indian- und Excelsior-Teams die mit Harleys ausgestatteten Piloten die ersten fünf Plätze. Erster war Ralph Hepburn vor Parkhurst und Weishaar. Generationen von Zuschauern des auch heute noch geöffneten Ascot Park sollten über die Jahrzehnte noch unzählige HD-Erfolge auf den Dirttrack-Veranstaltungen erleben.

Bill Ottaway (re.) und Hank Syvertsen (li.) hatten ein Team zusammengestellt, das nicht nur höllisch schnell werden sollte, sondern sich auch scheinbar untereinander gut verstand. Zu dem Bild ist nichts überliefert, nach Sweatern, Zelt, Gesichter würd' ich 1917 raten. Von li. Hank Syvertsen, Ray Weishaar, Maldwyn Jones, Ralph Hepburn, viell. Shrimp Burns, Otto Walker, ganz rechts Bill Ottaway.

Parkhurst re., Ludlow li., stellten im Februar 1920 in Daytona Beach diverse auch von der europäischen F.I.M. anerkannte Weltrekorde auf. Parkhurst mit der Solo-Achtventiler wurde im Schnitt über eine Meile mit 112.61 mph gemessen. Das Gespann erreichte auf fünf Meilen 83.9 mph. Im Hintergrund von links einer der Zeitmesser, R. Enos, Manager im HD-Rennteam, Hap Scherer aus der Anzeigenabteilung und langjähriger Redakteur des »Enthusiast«.

tig Fahnen- oder Tafelsignale an sie vorbereiten konnte.

Bei den 100-, 200- oder 300-Meilen-Rennen mußten die Fahrer die Kurse von ein oder zwei Meilen mehr als hundertmal umrunden. Sie konnten gar nicht mehr ihre Position oder die ihrer Konkurrenten genau einschätzen. Sie hätten auch nicht im einzelnen gewußt, wann sie zum Tanken oder Reifenwechseln hereinkommen müßten. Ottaway hielt sie mit Tafeln auf dem laufenden und dirigierte von den Boxen aus sein Team mit ausgeklügelten Flaggensignalen. Die Fahrer gaben lange vor den Boxen ihre Wünsche oder Probleme mit verabredeten Handzeichen einem Posten bekannt, der dann die Boxen rechtzeitig antelefonieren konnte.

Obwohl auch Cyclone, Emblem, Merkel, Pope und Thor Rennställe unterhielten, waren und blieben vor allem Indian und Excelsior die Konkurrenten, gegen deren Überlegenheit auf Rennstrecken wie Markt sich Harley-Davidson im imageträchtigen wie werbewirksamen Kampf auf den Tracks durchsetzen wollte. Die Rennabteilung des Wigwams bot ihren Piloten seit 1912 au-

Das von Jim Davis eingebrachte Teammaskottchen der Wrecking Crew war dieser junge Keiler, im englischen »Hog«. Ob von ihm der für Harleys in den Staaten übliche Kosename »Hog« abstammt?

Jedenfalls war er in einer für ihn zugeschnittenen Harley-Davidson-Montur gewandet und ließ sich von Ray Weishaar offensichtlich gerne mit Coca-Cola tränken. Weishaar fuhr für das Werksteam viele Siege ein und wurde 1925 bei einem Rennen auf dem Kurs von Ascot getötet. Die Fotos wurden der Firma von ihrem Werkspiloten Jim Davis überlassen. 1920 in Marion/Indiana.

Eine effiziente Zusammenarbeit wie hier mit Firestone war gerade bei den Rennen wichtig und wurde von den Zubehörfirmen in deren Werbung ausgeschlachtet. Unten rechts am Bildrand nochmal der Harley-Davidson-Team-Hog.

ßer den üblichen Wechselgesteuerten von Hedstrom entwickelte 30.50 cu.in. Einzylinder mit vier und 61 cu.in Zweizylinder mit acht Ventilen an. Die waren eine ganze Weile die schnellsten ihrer Klassen. Zwar überholten ab 1915 die avantgardistischen Cyclone OHC-Renner fast alles, was an anderen Werksmaschinen antrat, nur kamen diese sensiblen gelben Königswellen-Gesteuerten selten am Ziel eines langen Rennens an.

Harley und Ottaway entschieden sich 1915, einen von einer Nockenwelle stoßstangen-gesteuerten Achtventiler auf Basis des bisherigen Pocketvalve-Motors zu entwickeln. Anders als beim Indian-Zylinderkopf mit seinen jeweils vier aufrechten Ventilen winkelten sie die Ventile 90 Grad an, konnten so die Ventilflächen vergrößern, einen halbkugeligen Brennraum schaffen, dabei einen domförmigen Kolben verwenden und die Verdichtung deutlich erhöhen, worauf sich mehr Pferdestärken einstellten.

Clymer bekam von Ottaway für das Dodge-City-Rennen 1916 eine der neuen Achtventiler zur Verfügung gestellt. Im Training verblies er alles, was sich außer ihm auf dem Kurs bewegte, bekam aber Schwierigkeiten wegen zu magerer Mischung, was er auf die heißen Winde zurückführte. Statt das Benzin-Luft-Gemisch leistungssenkend anzureichern, behob er das Problem, indem er sich einen Deflektor bastelte. Das wurde später von der HD-Rennabteilung und dann auch von der Konkurrenz übernommen. Beim Rennen mit Janke um die Führung kämpfend, platzte Clymer bei 100 Meilen ein Reifen. Er brachte sich irgenwie an die Boxen, bereifte neu, tankte, brach mehrfach den Rundenrekord und war beim Stand von 218 Meilen wieder führend, als ihn ein gebrochenes Ventil endgültig hinauswarf. Janke auf einer anderen achtventiligen Harley gewann das Rennen mit drei Meilen Vorsprung vor Wolter auf einer Renn-Excelsior. Weishaar auf der wechselgesteuerten Harley wurde mit Abstand Dritter vor zwei Achtventil-Indians.

Das eigentliche HD-Werksteam vermied die Boardtracks und trat hauptsächlich bei den besonders beachteten Langstreckenrennen an. Die zog es gegen die erbitterte Gegenwehr der anderen Teams oft an Land. Der Sport gewann durch diese spannenden Veranstaltungen an Popularität. Ob die 200 Meilen von Phoenix/Arizona, die 150 von Oklahoma City/Oklahoma, die 100 Meilen im Chicago Speedway – fast überall setzten Harley-Fahrer neue Bestzeiten und demütigten manches Mal die Konkurrenz. Auch die Rekorde über fünf, zehn, zwanzig, fünfzig Meilen wurden auf Harleys errungen.

Auf Drängen der F.A.M. mußte die dazu eigentlich nicht geneigte Firma ihre Achtventiler auch Privatfahrern anbieten. Mit horrenden Verkaufspreisen von $ 1500.- für die Zwei- und $ 1400.- für die Einzylinder schloß sie wahr-

Marion 1920. Die während des Rennens flachliegenden Fahrer brachten als Augenschutz Celluloid- oder Drahtschutze an, die HD-Piloten wurden mit außen gepolsterten Handschuhen ausgestattet. Ottaway instruierte seine Mannen, verhalten und gleichmäßig zu fahren und sich nicht von Ausreißversuchen der Konkurrenten zum materialmordenden Vollgas-Draufhalten provozieren zu lassen. Indian-Reiter Shrimp Burns zischte in Führung, hielt die lange, bis seine Kette brach. Weishaar auf HD war nun vorne, bis der zehn, fünfzehn Sekunden per Runde aufholende Burns an ihn rankam. Trotzdem hielt sich Weishaar auf Boxenzeichen hin zurück, Burns riß auch seine zweite Kette, dabei zerstörte er seine Spritversorgung und schied endgültig aus. So brachte Weishaar mit der robusten Wechselgesteuerten den Sieg ungefährdet nach Hause. Nach dem Rennen gratulierte der neue Indian-Boss Frank Weschler den ebenfalls anwesenden Bill Harley und Arthur Davidson. Harley entgegnete, daß, obwohl er wußte, daß Weishaars Maschine bei weitem nicht die schnellste war, er auf den wegen dessen gleichmäßigem wie schonenden Fahrstil etliche Dollar gewettet und noch mehr gewonnen habe.

Die glorreiche Wrecking Crew 1920 in Dogde City vor dem Harley-Davidson-Teamzelt. Von links: Rennleiter Bill Ottaway, Maldwyn Jones, Ralph Hepburn, ein unbekannter Hundebastard, Fred Ludlow, Red Parkhurst, Ray Weishaar mit einem anderen namenslosen Hund, Jim Davis und Hank Syvertsen, der spätere Nachfolger Ottaways als Rennleiter – als dieser nach Bill Harley's Tod HD-Chefkonstrukteur wurde.
Weil die örtliche Geistlichkeit das Rennen zum Nationalfeiertag, dem 4. Juli, diesmal ein Sonntag und Tag des Herren, untersagte, mußte es am Montag, dem 5. Juli 1920, abgehalten werden. Indian, Excelsior und Harley-Davidson schickten die erste Garnitur an Piloten wie Maschinen. Während des langen Rennens auf dem kurzen Zwei-Meilen-Kurs kämpften Jim Davis und Maldwyn Jones (beide auf HD) hartnäckig um die Führung, wobei Jones neue 100- und 200-Meilen-Rekorde aufstellte, aber nach 250 Meilen mit Kerzenproblemen ausfiel. Davis gewann dann auf seiner wechselgesteuerten HD-Rennmaschine, Walker mit einer achtventiligen Indian war zweiter, Weishaar/HD dritter.

Walter Davidson und William Harley, 2. und 3. v. rechts, hatten augenscheinlich Grund zur Freude, als sie ein nicht näher überliefertes Flattrack-Rennen in den frühen zwanziger Jahren besuchten.

Wechselgesteuerte 61 cu.in. Rennmaschine, Baujahr 1920, mit dem unten offenen Keystone-Rahmen, der ungefederten Renngabel, offenen Auslässen, Kupplung und Bandbremse an der Hinterrad-Achse. Ottaway ließ seinen Piloten meist die Wahl zwischen den schnelleren Achtventilern und den robusten Wechselgesteuerten.

Das einzylindrige, eingängige Rennmodell S für Quarter oder Half Mile Tracks. Der ein bißchen kurz aussehende Zylinder steckt auf dem V2-Kurbelgehäuse, der Luftfilter ließ sich zum Starten auf- oder zudrehen. Auch der Keystone-Rahmen ist derselbe wie beim Renntwin. 1922.

scheinlich die ungeliebte Verpflichtung für den Breitensport aus. Anders sah es mit der auch nicht langsamen Pocket-Valve-Produktionsrennmaschine aus. Die wurde z. B. 1915 zum erträglichen Preis von 250 Dollar verkauft. Zusätzlich half das Werk mit Prämien und speziellen Teilen auch weniger bekannten Fahrern, die sich irgendwo zwischen den weiten Küsten Nordamerikas an den Wochenenden bei den unzähligen Flattrack-, Boardtrack-, Hillclimb- und Endurance-Rennen plazierten. Begabte und ehrgeizige Lokalgrößen wurden über Händler betreut und galten als eine Art Nachwuchsreservoir.

Als sich der Eintritt der USA in den Ersten Weltkrieg absehen ließ, einigten sich die Motorradhersteller darauf, wegen der zu erfüllenden enormen Regierungsaufträge ihre Rennaktivitäten vorerst einzustellen. 1917 und 1918 unterstützten nur Händler Sportveranstaltungen. Nach Kriegsende war die F.A.M., die erste Motorrad-Organisation der USA, nun endlich an ihren internen Streitereien, ihrer Konzeptlosigkeit sowie dem inzwischen allgemeinen Desinteresse an ihr eingegangen. Die Firmen bauten ihren Industrieverband, die Motorcycle and Allied Trades Association (MATA) aus, die – 1919 beginnend – die

Bill Minnich, mehrfacher Side-Car-Meister, mit Two Cam HD-Racer und flexiblem FLXI (daher der Name) Beiwagen. Diese FLXIs waren in ihrem Hauptrahmenrohr gefedert und kippten mit der Antriebsmaschine in Kurven-Schräglage und ließen sich quasi wie ein Solo-Bike fahren. Bis zu einem »Point of No Return«, ab dem die Fuhre gekippt wäre. Deswegen stemmte der Pilot kurz davor seinen rechten Stiefel zum Stabilisieren gegen das Boot. Ab dann ging die immerhin weit schrägliegende Kombination wie ein starres Gespann, mit Driften, Lenken durch Gasschübe usw. Ich stell mir vor, wie beklemmt sich der Boots-Passagier gefühlt haben muß, wenn der Pilot in Rechtskurven ihm immer näher rückte, in Linkskurven fast nicht mehr zu sehen war, aber ihm sein Fuß fast ins Gesicht rutschte. Minnich scheint von der Stabilität auch nicht so begeistert gewesen zu sein, hier hat er Gabelteile von Excelsior zur Verstärkung benutzt. An der Reibscheibe der Gabel hockt sein Maskottchen, Felix, der Kater.

Der US-Rennfahrer Freddy Dixon wanderte nach Großbritannien aus, wo er in den 20er Jahren zahlreiche Rennen auf Harleys wie auch auf Indians gewann. Besonders auf der klassischen Rennstrecke von Brooklands war er sehr erfolgreich. Dort fuhr er am 9. 9. 1923 über den fliegenden Kilometer mit 106.8 mp/h oder 171.84 km/h einen neuen Weltrekord mit der achtventiligen HD. Interessant hier noch der Kasten um den Vergaser und daß sich Dixon den unten offenen HD-Keystone Rennrahmen mit einem Schleifenrahmen ersetzte.

Auch in Europa setzten sich die schnellen Amis auf vielen Kursen durch. 1921 auf dem Tilburg Rennkurs; Herkuleijns (rechts) gewann das Rennen.

Sportstatuten veränderte. Die hölzernen Motodroms unter einer Meile Umfang (gerne Mörderdroms genannt) wurden verboten. Die ölausschleudernden und gefährlichen Löcher in den Zylinderköpfen wurden ebenfalls verboten. Auf den Halbmeilen-Flattracks durften nur noch 30.50 cu.in. Maschinen starten. Ab 1919 waren die Rennteams der nun viel weniger zählenden Firmen wieder auf den Rennstrecken. Wieder holte die HD-Mannschaft mit Abstand vor Indian die meisten Erfolge, pikanterweise auch die Trophäe der Indian-Werke.

Die 1920 gegründete »Riders Division«, als Sektion der MATA, organisierte seit 1921 statt ihrer Muttergesellschaft die Sportveranstaltungen. Sie löste sich dann 1924 von dem Industrieverband MATA und nannte sich seitdem AMA, American Motorcycle Association. Die AMA ist noch heute der übergeordnete US-Motorradverband.

Das professionelle Harley-Davidson-Rennteam, die Wrecking Crew, sowie einige andere HD-Piloten gewannen 1921 aber auch jede nationale Meisterschaft. Die Jahre währende Dominanz im Rennsport war königlich gekrönt worden. Wer an Schnelligkeit und Motorrad dachte, dachte an Harley-Davidson. Was für ein Moment, mit dem Sport aufzuhören!

Claude Cevesole aus Bern erkämpfte sich 1924, 25, 27 und 1929 den Schweizer 1000-ccm-Titel. Hier beim wichtigen Guggensbach-Guggisberg-Rennen 1929 schaffte er trotz spät gebrochener Ventilfeder noch die beste Tageszeit. Beachtenswert der von ihm vorgenommene Umbau der Vordergabel. Irgendwas wird es ihm genutzt haben, schließlich war er viermal Meister seines Landes.

Walter Davidson gab bekannt, daß das Werk seit geraumer Zeit in zwei verschiedene Geschäfte aufgeteilt sei. Das eine die stets wachsende Rennabteilung mit ihren angestellten Fahrern, Konstrukteuren, Mechanikern, Bürokräften, die sich auf jedes wichtige nationale Rennen vorbereiteten und an ihm teilnahmen. Das brachte viel Ruhm, kostete aber an Gehältern, Spesen, Ingenieursarbeit und Vorbereitungen einen Haufen Geld. Geld, das bei dem anderen Geschäft, Motorräder zu fabrizieren, zu vermarkten und zu verkaufen, fehlte. Bill Harley fügte hinzu, daß inzwischen mehr Konstrukteure in der Rennabteilung seien als in der normalen Entwicklung. So gehe das nicht. Ab 1922 werde Harley-Davidson zwar eine begrenzte Anzahl Rennmaschinen bauen und an bewährte Fahrer verkaufen, ziehe aber sein totales werksseitiges Engagement im Rennsport zurück.

Dasselbe galt für die Fahrräder; die Davis

Eine frühe Single von 1907, dem ersten Jahr von Harley's Vordergabel. Schaut es von heute zurück in seine Vergangenheit oder aus der in unsere Gegenwart? Jedenfalls brachten wir die über Achtzigjährige bald zurück ins Körbchen im Depot von York.

Der erste Harley-Davidson V-Twin von 1909 im Museum von York/PA atmet noch durch Einlaß-Schnüffelventile. Weil eine Spannvorrichtung für den Antriebsriemen fehlt, fragt man sich, wie der Riemenschlupf gehandhabt wurde. Vielleicht war das hier nur ein Einzelstück und in den Verkaufsmodellen wurde allgemein ein kontrollierbarer Zahnriemen eingesetzt.

Der Wiesbadener Dipl.-Ing. Carlo Heller und sein Modell 6 B, Hubraum 500 ccm, Batteriezündung und 28-Zoll-Reifen. Der »Silent Grey Fellow« von 1910 war kein First-Kicker, schon weil man nicht wie gewohnt durchtreten, sondern die Pedale rolieren muß. Der original Belassene kam trotzdem schnell. Carlo zählt die Tage zum nächsten London Brighton Run für Vor-Weltkrieg-Eins-Vehikel und hofft, daß es nicht regnet.

Zwei der Schmuckstücke von Joe Koller bei Milwaukee/Wisc., dessen Artikel im »Antique Motorcycle« lehrreiche Labsal sind. Ein Harley-Davidson-Fahrrad, wie es von 1917 bis 1922 hergestellt wurde. Wie alle Harleys ab 1917 im oliven Tarnanzug. Der Zivilist dahinter ist eine 5-35 bzw. ein Silent Grey Fellow von 1912 oder 1913.

Der hoffnungslos in frühe US-Bikes verliebte Restaurator Mike Parti mit seinem 1916er-Gespann. Im rechten Fenster seines kleinen Museums eine ergötzliche Zündkerzen-Sammlung. In Sun Valley bei Los Angeles.

Auf Joe Koller's Grundstück in Wisconsin waren an diesem milden Märztag die Wege noch nicht geräumt, die Straßen aber schneefrei. Wir sind sogar zu dritt in seiner 1916er 61cu.in. Twin mit Beiwagen über Berg und Tal kutschiert und staunten nur so, wie stramm die geht. Joe's Gespann ist original belassen und unrestauriert – bis auf die lästige Prestolite-Beleuchtung, in deren Tank er eine Gasanlage setzte.

Das Umschlagbild des 1917 herausgekommenen HD-Prospektes vermittelt eine Idee davon, wie damals die »Überland-Straßen« allgemein aussahen. Motorräder schon in Oliv.

Bud Ekins aus North Hollywood mit seinem Model 18 C, Dreigang-Einzylinder, 500 ccm, Magnetzündung. Das Werk stellte 1918 die wechselgesteuerten Singles ein.

Bis zu seinem Tod hing dieses Bild über frühe Dirttrack-Rennen im Büro des frühen Rennfahrers und späteren Verlegers Floyd Clymer. Seine Witwe gab es Bud Ekins für seine Veteranen-Agentur. Bud gewann in den fünfziger/sechziger Jahren große Endurance Runs, z. B. die Baja 1000 Miles und als US-Team-Captain die International Six Days Trial – ISDT. Sein Freund Steve McQueen gehörte zur siegreichen Mannschaft. Schon dessen Versicherung usw. wegen machte Bud die meisten Stunts in Steves Filmen.

In der Schatzhöhle von Imola. Auf dieses Juwel ist Benito Battilani besonders stolz: Die achtventilige Rennmaschine, mit der Eduardo Winkler etliche große Straßenrennen in Italien gewann und Heavy Weight Champion seines Landes war. Battilani und seine Freunde bewegen die wie seine anderen frühen Harleys jedes Jahr auf dem italienischen Veteranen-Grand-Prix in Imola.

Von hinten werden die meisten Konkurrenten die für ihre Ära sagenhaft schnelle und zuverlässige Achtventiler gesehen haben. Das Werk verteilte im Ausland nur wenige Achtventiler an seine Importeure. Mit Keystone-Rennrahmen sowie Dreiganggetriebe.

Der Autor von »American Racer«, Stephen Wright, war sieben Jahre bei Steve McQueen als Restaurator beschäftigt. McQueen ließ ihn die Zylinder dieses getriebelosen Achtventil-Board-Track-Racer nachgießen. Selbst mit erfahrenen Gießern von General Motors dauerte es ein Jahr, bis sie akzeptable und belastbare Ergebnisse erzielten. Die Leistungen der frühen HD-Konstrukteure und Handwerker nötigen noch heute Respekt ab.

Der i. o. e. 61 cu.in. Production-Racer im europäischen Straßen-Trimm mit Schleifenrahmen. Viva Battilani!

Steve McQueens früheres JD-Gespann. McQueen war besonders hinter frühen Harleys her. Andere Sammler verübelten ihm, daß er mit die Preise versaut habe, weil er anstandslos zahlte, wenn er ein bestimmtes Modell wirklich haben wollte.

Ein Cop auf wahrscheinlich einer niedrigerverdichteten 28er JDXL-Polizeimaschine, die die amerikanische Firma Hubley 1923 in ca. 20 cm Gußeisen nachgebildet hat. Aus der Collection des Berliner Motorrad-Spielzeugsammlers und -händlers Horst Schallert.

Harley-Davidson's letzte Wechselgesteuerte, die 1200-ccm-JDH von 1928 mit dem vom Rennsport beeinflußten Two-Cam-Motor. Gerade wegen des eigentlich altmodischen und von den meisten Marken schon aufgegebenen i. o. e.-Designs, das Bill Harley und Bill Ottaway voll ausentwickelten, ein Höhepunkt amerikanischen Motorradbaus. Benito, danke für eine weitere makellose Restaurierung.

Das 500-ccm-Seitenventil Modell C löste 1930 die besonders im Export seit 1926 beliebten 350-ccm-OHV B und BA ab. Es wurde dann 1934 eingestellt. Benito Battilani hat sie restauriert.

Paul Weyres aus Aachen war allein drei Jahre hintereinander – von 31 bis 33 – deutscher Seitenwagenmeister, außerdem bei europäischen Veranstaltungen erfolgreich. Alois Drax aus München wurde mehrfach auf HD deutscher Meister der schweren Solo-Klasse.

Weyres hat sich später seine Achtventiler zum Straßenmotorrad umgerüstet und die zugelassene Rennmaschine im normalen Straßenverkehr bewegt, was einiges über die Haltbarkeit selbst der Wettbewerbsmotoren aus Milwaukee aussagt.

Nach dem Januar 1929 Enthusiast ist das hier Ben Burnham bei einem Hillclimb in der Nähe von San Diego/CA. Trotz seines Two-Cam-i. o. e.-Motors kam er nicht bis zur Hügelspitze und mußte den Rest des Weges laufen, wenn nicht schieben. In manchen Publikationen wird der Pilot allerdings als Dud Perkins geführt. Beachtenswert bei dieser wie den zwei folgenden erfolgreichen Hill-Climb-Maschinen ihre unterschiedlichen Motoren- wie Rahmen-Konfigurationen.

Company würde in Zusammenarbeit mit den HD-Händlern einige Jahre deren Pflege und Wartung übernehmen. Auch Auftragsarbeiten von außen würden eingestellt. Das Werk sollte durchrationalisiert, unnötige Werkzeuge verkauft, gemietete Gebäude verlassen und die wieder erweiterte Juneau-Avenue optimal genutzt werden.

Die einst von den Werken mit innovativem Engagement geführten Schlachten der profesionellen Class A beruhigten sich. Drei Jahre bekränzte sich Indian mit den meisten Lorbeeren. Bill Minnich gewann 1925 mit einer HD-Twocam-Flxi-Kombination noch den allerletzten Boardtrack-Seitenwagen-Titel. Im selben Jahr holte der aufstrebende Joe Petrali auf seinem HD-Pocketvalve-Renner mit 100,35 mph den immerwährenden 100-Meilen-Boardtrack-Rekord. Wieder gingen neun der vierzehn Titel an Milwaukee.

Aber erst ab 1926 auf Harley-Davidsons leichten, schnellen, stabilen 350er Einzylindern, Peashooter genannt, gewannen Privatfahrer wieder

Windy Lindstrom gehörte lange zur Hill-Climb-Elite und gewann etliche 45 und 61 cu.in.-Meisterschaften.

Russell »Kid« Fischer wurde schon in seinem ersten Profijahr – 1931 – National Champion Hillclimbing der 61 cu.in.-Klasse. Und zwar gewann er das entscheidende Finalrennen bei Keck's Farm in der Nähe von Rochester/NY mit einem gemessenen Fuß Vorsprung vor dem alten Hasen Windy Lindstrom. Es ist überliefert, daß Kid profilgeil auch beim Rennen seinen kalten Zigarrenstummel zwischen den Zähnen hielt.

Wahrscheinlich ein Straßenrennmodell für Europa. Interessanter Rahmen sowie HD-unüblicher europäischer Sattel. Der 750-ccm-Motor wurde in den Staaten gerne bei Hillclimbs eingesetzt. Über den interessanten Rahmen habe ich leider nichts gefunden. Die Löcher unterm Zylinderkopf dienten zum Sprit-Einspritzen vor dem Start. Das Baujahr 1930 ist von Werksseite gesichert.

viele Dirttrack-Titel auf einer neuen Produktions-Rennmaschine aus Milwaukee. Auch Hillclimbs gingen folglich an die kleinen, hoch drehenden Peashooter. Ab 1928, 1929 wurden schnelle und interessante 750er OHVs produziert, die sogar neben den dicken 1340-ccm-Pocketvalve-Brummern bei vielen Hillclimbs brillierten. Erst 1934 sollte der Sport mit der Einführung der Class C ein neues, amateurfreundlicheres und auch für die verbleibenden Firmen angenehmeres Gesicht erhalten.

Im Werk – und davor

Die folgenden Fotos vom Produktionsalltag im Werk stammen vom Ende des Ersten Weltkrieges bis in die zwanziger Jahre.

Schneiderinnen nähten die Schnitte zusammen, im Hintergrund links noch mal der Zuschneidetisch.

Bezüge für Sättel, Gespannsitze und Verkleidungen wurden so zugeschnitten.

1 ↑

↓ 2

3 ↓

1 Rahmenfertigung

2 Was für ein kleiner Farbtopf für so viele Seitenwagen-Rahmen.

3 Zwischen den Farbaufträgen schliff man die Oberfläche wieder fein. Die Lackierung wie die allgemeine Verarbeitung waren vor wie nach dem Ersten Weltkrieg sehr sorgfältig und intensiv. Mike Parti, der bekannte kalifornische Restaurator und sein Lackierungspartner Mike Shundo bauten mehrere Gespanne aus dieser Zeit auf und staunen, daß wir die heute bei den meisten Marken nachlässigen und billigen Lackierungen als Standard akzeptieren. Die meisten Betrachter denken, wenn man heute originalgetreu ein z. B. 1916er-Gespann wiederherstellt, wäre das Fahrzeug überrestauriert. Andersrum würde ein Schuh draus.

4 Rahmen- und Gabelprüfungsanlage im Februar 1921, vorne wird der Rahmen eines Sportmodells rangenommen. Die stählerne Bodenplatte dient als Verankerung. Die Marterstatt wird von HD-Motoren angetrieben, von HD-Getrieben übersetzt. Sieht einfach aus, erfüllte aber sicher seinen Zweck.

5+6 Bei Harley-Davidson wurde nie nur gearbeitet. Das Betriebsklima galt – mit Unterbrechungen – immer als super. Die Werksangehörigen haben also schon vor sechzig, siebzig Jahren nichts anderes gemacht als heute Harley-Leute, wenn sie zusammenkommen.

4 ↑

5 ↑

6 ↓

HARLEY-DAVIDSON
SERVICE

MOTOR
HARLEY-DAVIDSON
CYCLES

J- und F-Modelle – Die Ära der Wechselgesteuerten

Während des Ersten Weltkriegs entwickelte sich das Auto sprunghaft nach vorn. Henry Ford führte schon 1914 das Fließband in Detroit ein. 1916 waren 500 000 seiner T-Modelle verkauft. Die ab dem Kriegseintritt der USA (1917) vielbeachteten Schlachtberichte demonstrierten die überlegene Gebrauchsfähigkeit des Autos gegenüber dem Motorrad. Die Militärs bestellten Wagen, Lkw und dann Tanks in so ungeheuren Zahlen, daß die amerikanischen Auto-Giganten, besonders Ford und General Motors, Kapital ansammeln, ihre internen Arbeitsabläufe total durchrationalisieren und ihre Kosten unglaublich senken konnten. Dabei standardisierten und modernisierten sie auch ihre Vehikel weitgehend. Nach dem Krieg bedienten sie den zivilen Markt immer billiger, obwohl die Qualität der verwendeten Materialien und ihrer Verarbeitung zunahm.

Parallel dazu stiegen dank der anhaltenden Vollbeschäftigung und stürmischen Nachfrage auf dem Arbeitsmarkt während des Rüstungsbooms und den amerikanischen Exporterfolgen nach dem Ersten Weltkrieg allgemein die Löhne. Besonders aber auch deshalb, weil die oft aus einfachen Verhältnissen nachgewachsene neue Unternehmergeneration, allen voran Henry Ford, weitdenkend eine neuartige, weniger ausbeuterische Einstellung praktizierte. Die Kaufgewohnheiten des amerikanischen Konsumenten veränderten sich daraufhin dramatisch. Das eigene Automobil – fünfzehn Jahre zuvor noch Privileg der Wohlhabenden – rückte für die Bauern, Angestellten und Arbeiter in begehrenswerte, greifbare Nähe. Seine Nützlichkeit wurde wegen des anlaufenden Straßenbaus betont. Autofirmen und aufmerksame Banken unterstützten die erwachende Nachfrage mit Kredit- und Abzahlungsangeboten. Dank vorzüglicher Marketing- und Werbefeldzüge erwuchs das Auto langsam zum wichtigsten Statussymbol. Nun ging's – bei ca. fünf Dollar Tageslohn – den überglücklich ihre neuen Möglichkeiten wahrnehmenden Verbrauchern aber wiederum nicht so gut, daß sie sich neben dem Automobil noch ein Motorrad vors Häuschen hätten stellen können. Sie mußten sich entscheiden und zogen natürlich das vierrädrige Familien- und Nutzfahrzeug vor. Darum kam das Motorrad ein bißchen in den Ruch, von Leuten gefahren zu werden, die sich entweder keinen Wagen leisten konnten oder keine Verantwortung zu tragen hätten.

Die Motorradbranche konnte sich auf die verändernde Marktsituation nur schwer einstellen und schien am Ende ihrer Möglichkeiten. Die meisten der einmal fast 200 US-Marken machten spätestens in den zwanziger Jahren dicht. Deswegen konzentrierte sich der verbleibende Motorradmarkt auf die großen Drei – Harley-Davidson, Indian und Excelsior –, die deswegen mit ih-

Harley-Davidson's erster Seitenventiler, das leichte, populäre Sportmodell von 1919, stellte ähnliche Längsboxer von Douglas, Indian oder die BMW-Vorläufer in den Schatten. Als Anfang der Zwanziger Indians Tophit, die V2-Scout erschien, kam die Sport vom Konzept her nicht gegen die an. Man stellte sie ein, lieferte aber Restbestände oder eine kleine Sonderserie weiter nach Europa. In den USA konzentrierte sich das Werk erstmal auf den Big-Twin-Markt und die Pflege der wechselgesteuerten V-Twins.

ren Verkaufszahlen vorerst nicht einbrachen. Harley-Davidson erreichte 1919 mit 24 000 und 1920 mit 28 000 ausgelieferten Maschinen sogar Rekordergebnisse. Doch ab 1921 ging's auch in Milwaukee bergab: gerade 10 000 Harleys wurden umgesetzt. Das änderte sich auch nicht durch die beeindruckende Rennbilanz oder spektakuläre Erfolge wie im Februar 1922, als der nicht vom Werk unterstützte Otto Walker in Fresno als erster Rennfahrer eine Durchschnittsgeschwindigkeit von über 100 Meilen hinlegte. Die Firma konnte die nachlassende Nachfrage kaum mit niedrigeren Preisen anheizen. Da war nichts mehr drin. Unüberwindbar blieben die Wettbewerbsnachteile gegenüber den Autofirmen. Die Ford-Werke boten 1925 die einfachste Ausführung ihres Modell T für unter 300 Dollar an. Dagegen konnte man nicht anstinken. Die Absatzzahlen Harley-Davidsons stellten nur Bruchteile einer Autoproduktion dar, was eine großzügige Rabattierung in der Rohstoff- oder Zubehörversorgung ausschloß. Obwohl, um ein Motorrad zu erzeugen, so viel weniger Arbeitsschritte als beim Autobau nicht benötigt werden, rechtfertigte der niedrige Absatz nicht einmal den Gedanken an die nicht aufzubringenden gewaltigen Investitionen sowie den ungeheuren Aufwand für eine konsequente Fließbandfertigung.

Bill Harley im Boot und Walter Davidson als Steuermann posieren für den Enthusiast vor dem Werk.

Briefmarke aus den vierziger Jahren, die einen Post-Eilboten mit seiner 1922er Harley zeigt und so im Nachhinein der frühen HD-Wechselgesteuerten sagenhafte Verläßlichkeit sowie ihr hohes Tempo abfeiert.

Nach einem Wochenende im Frühjahr. William S. Harley und William A. Davidson waren für ihre gemeinsamen Jagd- oder Angelausflüge bekannt. Hier sei die Frage erlaubt, wo sie vom See oder Fluß kommend ihren beutereichen Lachsfang im Gespann unterbrachten und von den sauberen Anzügen fernhielten. Vielleicht haben sie sich auch erst für den Fotografen feingemacht.

Ein Versuchsträger von 1923-24, mit Primärantrieb über Zahnriemen, sogenannter Magnetkupplung, deren Auskuppelmechanismus interessant aussieht sowie verstärkter und verlängerter Vordergabel.

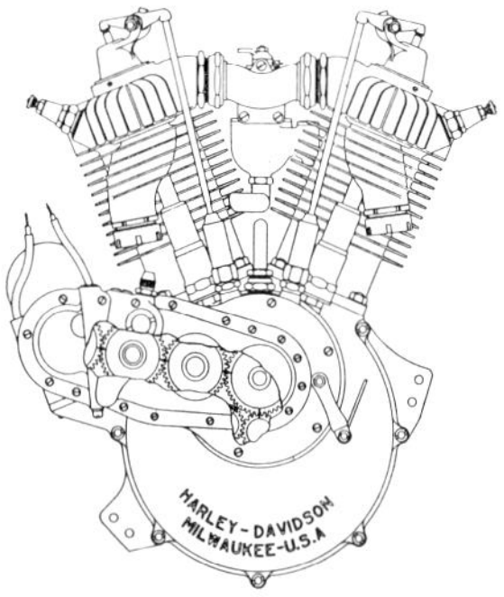

William Ottaway auf einer 1924er V2. In New York 1871 geboren, trat er nach der Schule eine Maschinisten-Lehre an, arbeitete bei der Bahn, zog 1893 nach Chicago, wo er für die Aurora Automatic Machinery Company – Thor – arbeitete. Floyd Clymer erzählt, daß er da schon Kontakte mit den noch unbeleckten späteren HD-Gründern gehabt habe. Ottaway war später für seine extrem schnellen »Weißen Thors« bekannt. 1913 engagierten ihn die HD-Manager, als Vizekonstrukteur und Rennleiter. Weiter vorne werden seine Meriten dabei beschrieben. Er sollte bis nach dem zweiten Weltkrieg bei Harley-Davidson arbeiten, nach seines Freundes Bill Harley's Tod als dessen Nachfolger als Chefkonstrukteur. Im Ruhestand bearbeitete er weiter Beratungs- und Entwicklungsaufträge für die Firma. Am 27. Dezember 1952 wechselte er, wie es im Nachruf der Cycle stand, zum Goldenen Speedway da oben über.

Dennoch steckten die vier Gründer viel ihrer bisher angesammelten Gewinne in die Herstellung, um diese zu automatisieren und zu verbilligen. Zusätzlich litten sie gerade bei der verschärften Konkurrenz der zwanziger Jahre finanziell unter einem hohen Entwicklungsaufwand, um mit Neuheiten ihren Anteil am müder werdenden Mark zu ködern.

Zuerst brachte die Motor Company 1919 das niedrige, leichte und gefällige Sportmodell mit dem längs eingebauten 37 cu.in. seitengesteuerten Boxer, das den schon auf dem Markt befindlichen ähnlichen Designs von Indian oder in Europa klar den Rang ablief. 1921 wurde dann das HD-V2-Spitzenmodell zum ersten Mal von einem 74 cu.in. Motor angetrieben. Diese wechselgesteuerte JD überzeugte gegenüber der großen Indian Seitenventiler. Doch die Konkurrenz von der Ostküste schlief auch nicht, sie stellte mit der leichten, schnellen Scout ein epochales Motorrad vor. Die Scout erreichte kaum noch für möglich gehaltene Verkaufserfolge. Damit waren die Tage des HD-Sportmodells gezählt, denn gegen die Scout schien den Verantwortlichen in Milwaukee die Weiterentwicklung des Sportkonzepts sinnlos. Man konzentrierte sich auf den großen Twin, bot aber die Sport noch einige Jahre im Ausland an.

Milwaukee verbesserte nun wieder regelmäßig Aussehen wie Ausstattung und verschärfte das Tempo seiner Neuheiten: die stark verbesserte Springergabel, serienmäßig Tacho und Strommesser, Dow-Metall-Kolben, Einsatz von Chrom-Vanadium-Stahl, Alemite-Druck-Schmierung, der gebogene Rahmen und der erste „Teardrop“-

Das 1000 cbcm. Magnet-Modell mit Lieferwagen

DIE neuen Harley-Davidson Liefer-Seitenwagen zeichnen sich durch eine neue Chassis-Konstruktion aus. Das Ladegewicht ist jetzt direkt über die Hinterachse verlegt, und ruht auf zwei 40½ Zoll = 101,125 cm. langen halbelliptischen Federn. Jede Feder ist an einem Punkt der Chassis-Achse befestigt und besteht aus acht Federblättern.

Der Lieferkasten ruht auf zwei U-förmig abgebogenen Trägern, an welchen die Federn befestigt sind. Beim hinteren Träger sind für diese Befestigung Laschen vorgesehen. Diese Bauart ermöglicht, die Carrosserie den individuellen Bedürfnissen des Käufers entsprechend in verschiedenen Längen auszuführen. Der Abstand zwischen den beiden U-Seiten der Träger misst 24 Zoll = 60 cm.

Die carrosserie dieses neuen Seitenwagens behindert die Lenkung des Fahrzenges in keiner Weise. Der Schwerpunkt der Last liegt über der Achse und der ganze Lieferwagen ist ausserordentlich leicht zu lenken. Auch hier ist reichliche Bodenfreiheit und Abstand für eine genügende Durchfederung vorgesehen.

Der Chassis-Rahmen besteht aus kräftigem, verstärktem Stahlrohr mit starken Stahl-Stützpunkten zur Befestigung der Federn. Der Kotflügel ist auf der Achse befestigt. Sieben Alemite-Nippel sorgen für ausreichende Schmierung. Der Radstand beträgt 48 Zoll = 120 cm., die Ladefähigkeit 150-250 Kg.

Wir sind nicht in der Lage Lieferwagen-Carrosserien zu liefern, da wir solche nicht herstellen. Wir verkaufen nur das Chassis, komplett mit Kastenträger, Rad, Reifen und Kotflügel. Die für die verschiedenen Zwecke am besten geeigneten Kasten können gewöhnlich leicht an Ort und Stelle und zu einem vernünftigen Preise hergestellt werden.

Die obenstehende Abbildung zeigt eine weitverbreitete Kastenform. Für manche Geschäfte genügt ein Lieferwagen ohne Deckel. Für Schneider, Färbereinen, Waschanstalten, Blumenhandlungen wird im Allgemeinen ein hoher Kasten mit senkrecht angeordneten Türen an der Rückseite vorgezogen.

Das 1200 - cbcm. elektr. Modell mit Seitenwagen rechts vom Fahrer

EIN Harley-Davidson-Seitenwagen verschafft Ihnen doppelten Genuss auf Ihren Motorradtouren. Wie oft haben Sie sich nicht schon gewünscht einen Begleiter mitnehmen zu können um Ihre Freuden auf den Ausflügen mit diesem teilen zu können.

Passagier und Fahrer bezeichnen einstimmig den Harley-Davidson Seitenwagen als den bequemsten der bis jetzt gebaut wurde.

Die zwei 125 cm. langen halbelliptischen Federn lassen den Seitenwagen-Passagier Stossfrei über Löcher und andere Unebenheiten der Strasse hinwëggleiten. Verlangen Sie von Ihrem Händler eine Probefahrt, und Sie werden in Bezug auf Fahrbequemlichkeit eine angenehme Ueberraschung erleben.

Leicht einstellbare Stossfänger, hinten und vorne, absorbieren die harten Schläge und erhöhen die Bequemlichkeit des Seitenwagens für Fahrer und Passagier.

Alle Harley-Davidson Seitenwagen werden mit einer ausziehbaren Achse geliefert. Diese ermöglicht eine Erweiterung des Radstandes von 110 cm. bis auf 140 cm., einen Vorteil den jeder zu schätzen weiss der auf schlechten Strassen oder Feldwegen mit Karrengeleisen fahren muss. Die Achse ist rasch und mühelos ausgezogen wenn die Strassenverhältnisse es bedingen. Der Kotflügel folgt hierbei dem Rad, sodass der Seitenwagen-Passagier dennoch vollkommen gegen Kot — und Wasserspritzen geschützt ist.

Ein gut ausgestattetes F-Modell von 1927.

Der F-Motor mit Magnetzündung während der zwanziger Jahre.

Tank, die gesenkte Sitzposition mit bequemerem Sattel für Baujahr 1925, schließlich 1926 die 21 cu.in. Single als Seitenventiler oder Kopfgesteuerte, die Zündspule wurde verbessert. 1928 führte man die Vorderbremse ein, was auch nötig war, denn im selben Jahr und 1929 konnten die JD Big Twins mit dem schnellen „H"-Two-Cam-Motor, also mit zwei Nockenwellen, geordert werden.

1929, mitten in der schwärzesten Depression, bewiesen die vier Gründer ihre ungebrochene Zuversicht, indem sie mit hohen Investitionen einmal mehr ihre Produktpalette erweiterten und der Öffentlichkeit erst die seitenventilige 30.50 cu.in. Single, dann den von vier Nocken-

Die J- und JD-Modelle glänzten mit dem HD-Single-Unit Electric System, das aus dem umschlossenen, direkt auf dem Motorgehäuse angebrachten Generator, Überladungsschutz, wasserdichter Zündspule, 6V-Batterie, Hupe, verstellbarer Beleuchtung und dem kleinen Instrumentenbrett für Zündung und Licht bestand. Damit wurde die nicht immer befriedigende, vorher zugekaufte Remy-Elektrik ersetzt. 1927.

Hier abgebildet ein durchgesägter JD-Twin von 1924 mit 1200 ccm. Den ersten HD-Motor mit dem legendären 74 cu.in. Hubraum stellte das Werk 1921 vor, ab 1922 wurde er verkauft. Ab 1924 verstärkte Bill Harley das Kurbelgehäuse, setzte in ihn, wie auch in den 1000-ccm-Motor, Aluminium-Kolben mit verbesserten Kolbenringen und gebohrten Pleueln ein, die Anzahl der gehärteten Rollenlager stieg auf 36. Das alles gab es vorher nur bei Renn- oder Sport-Modellen. Im »Enthusiast« 63 von Ende 1923, der die 1924er Twins vorstellte, schreibt »Hap« Hayes, daß die Vibrationen sehr deutlich nachgelassen hätten und daß er den Leistungsgewinn auf 25 bis 30 Prozent schätze.

Den kommerziellen Package Trucks, täglich geschundene Seitenwagen-Kombinationen mit 74 cu.in.-Motor, wurde die Kompression mit einer Distanzplatte zwischen Zylinder und Kurbelgehäuse etwas gesenkt. Diese Modelle erhielten ein zusätzliches »S« in die Seriennummer. Unzählige Branchen orderten nicht viel weniger Varianten des Beiwagens für den Truck.

Eine der vielen kommerziellen Beiwagen-Anwendungen. Ich würde sagen, ein fahrbarer Hot-Dog-Stand, vielleicht hat der Besitzer aber aus seinem Boot heiße Maronen oder so was verkauft. Warum sonst hat man hier den Auspuff durch den kommerziellen Beiwagen gelegt? Viel verdient scheint er jedenfalls damit nicht zu haben, denn der Antriebsreifen müßte längst gewechselt sein. Bj. 1926 oder 1927.

wellen gesteuerten 45 cu.in. SV-Twin präsentierten.

Durch die schwierigen zwanziger Jahre sahen die Manager von Harley-Davidson ihr Heil in einer zunehmenden Spezialisierung und versuchten darum, sich verstärkt im kommerziellen wie Dienstleistungsbereich mit preiswerteren Alternativen zum Lieferwagen und Lkw durchzusetzen. Für verschiedenste Branchen wurden Sonderanfertigungen, hauptsächlich auf Basis des 74 cu.in. Gespanns, geschaffen.

Dank der Preiswürdig-, Wendig-, Schnellig- und Leichtigkeit ihrer vorbildlich ausgerüsteten Solo-Motorräder für den Polizeidienst verkauften sie auch zunehmend in diesem Bereich. Drei- bis viertausend Polizeibehörden setzten Harley-Davidsons ein. Die anderen übrigbleibenden zwei Marken – Indian und Excelsior – mühten sich ohne einen ähnlichen Erfolg ebenfalls um diesen Markt. Der adrett uniformierte Polizist, meist am Wegesrand auf einer schwarz-weißen Harley Verkehrssündern auflauernd, galt nicht nur in den Vereinigten Staaten als gewohntes, wenn auch selten begrüßtes Bild. Die große Harley-Davidson war und blieb das klassische Polizeimotorrad.

Jugendliche Käufer und nur am billigen Transport Interessierte erreichte besonders der seit 1926 als preiswertestes Modell angebotene neue kleine 350-ccm-Einzylinder. Die Brennraumform war von Ricardo lizenziert worden. Seine Ökonomie und Zuverlässigkeit wurden besonders im Ausland geschätzt.

Um dem für das Bestehen der Firma immer wichtigeren Export zusätzliche Impulse zu geben, gab das Werk interessierten und fähigen ausländischen Importeuren überarbeitete Rennmaschinen, damit sie mit eigenen Fahrern im nationalen Sport Erfolge und Beachtung einheimsen konnten. Bestimmten Ländern fertigte das Werk eigene Versionen an. In Europa fanden in England, Deutschland, Italien, Schweden und in der Schweiz die Renner aus Milwaukee bald Beachtung. Ihre Piloten errangen zahllose Meistertitel in den großen, oft auch in den Seitenwagenklassen. Sowohl die Wechselgesteuerten als auch die Achtventiler erreichten legendären Ruhm als schnelle, schwere Motorräder.

Gerade William Harley und sein Vize William Ottaway griffen viele Stichworte aus der blühenden Automobilbranche auf. Nach dem Bohai, den z. B. Henry Ford um seine Verwendung von Chrom-Vanadium-Stahl machen ließ, überprüften sie dessen Nützlichkeit und setzten ihn ebenfalls

Der letzte wechselgesteuerte Bigtwin von 1929 hieß in der Ausführung mit dem 74 cu.in.-Twocam-Motor JDH. Die serienmäßige Flöte auf dem Auspuff verursachte angeblich einen sanfteren Ton, wie betont wurde ohne nennenswerten Leistungsverlust, und sollte wohl auch optisch etwas hermachen. Die Vorderbremse wurde ab 1928 serienmäßig eingebaut. Je nach Preis des Modells kamen als Ausstattung Tacho und Gepäckträger dazu.

ein. Weiter erkannten sie, daß ein guter Teil der Kunden nicht Motorräder kauften, weil sie sie brauchen, sondern weil sie ihnen Spaß machten. Diesen Kundenkreis der auf Leistung und Komfort wertlegenden Gentleman-Fahrer sprachen sie besonders mit den JH und JDH „Two-Cam"-Modellen an, deren Motoren etwas zivilisierter waren, die aber sonst optisch und mechanisch denen aus den berühmten FH-Wettbewerbs-Modellen glichen. Diese Maschinen krönten abschließend die achtzehn Jahre beibehaltene wechselgesteuerte Motorengeneration.

Der von den Track- und Hillclimb-Rennen berühmte »Two-Cam«-FH-Motor wurde 1928 in beruhigter Form wahlweise mit 61 oder 74 cu.in. in einige hundert JDH-Modelle eingebaut. Sie galten als die schnellsten serienmäßigen Straßenfahrzeuge ihrer Zeit.

Six Outstanding Facts about Harley-Davidson

1. Harley-Davidson motorcycles, sidecars and parcelcars are sold and used in 116 countries.
2. Harley-Davidson motorcycles, sidecars and parcelcars are built in a factory that has 12 acres of floor space and employs 1800 people.
3. Harley-Davidson motorcycles and sidecars are used by over 2400 police and sheriff departments throughout the United States.
4. More dealers sell Harley-Davidsons than any other motorcycle in the world.
5. Harley-Davidson motorcycles are backed by twenty-three years of success.
6. Walter Davidson, President; William Davidson, Vice-President; William Harley, Chief Engineer; and Arthur Davidson, Secretary — the original founders of the Harley-Davidson Motor Company are still directing the affairs of the company.

HARLEY-DAVIDSON MOTOR COMPANY
MILWAUKEE, WISCONSIN

Printed in U. S. A.

In ihrem ersten Baujahr gab's das Single Model A noch in einer Version mit Acetylen-Gasbeleuchtung sowie dem lustigen, mechanischen »Krööht-Krööht«-Klaxon-Horn. Beide Gadgets waren 1927 nicht mehr der letzte Schrei. Der mit 3.3-Steuer-PS klassifizierte Seitenventiler gab in Wirklichkeit gute 7 PS ab.

Peashooter

Die 1926 vorgestellten 350-ccm-Harley-Davidson-Einzylinder in Seitenventil- oder OHV-Ausführung markierten eine sichtbare Erweiterung im HD-Verkaufsprogramm. Zwar hatte das Werk längst mit dem Sportmodell oder den Renn-Achtventilern bewiesen, daß es beide Designs mit links meisterte, doch in den Verkaufsräumen war man während der letzten Jahre allein mit dem i. o. e. V2-Motor präsent. In der Öffentlichkeit assoziierte man den Markennamen nur noch mit dem großen V2-Motorrad. Und nun waren auf einmal vier hübsche Harley-Davidson-Singles in den Läden.

Während der Entwicklung hatten ihre Konstrukteure sie mit dafür gekauften Indian-Princes und einigen europäischen 350ern verglichen und waren mit dem Ergebnis zufrieden. Der kleine Seitenventiler hatte Graugußkolben und wurde in zwei Versionen angeboten, mit Magnetzünder als Standard Modell A für $ 210.-, mit elektrischem HD-Single-Unit Electric System als Standard Model B für $ 235.-. Im deutlich flotteren Kopfgesteuerten bewegte ein Alukolben die Kurbelwelle. Er war entsprechend als Sporting Modell AA ($ 250.-) oder Sporting Model BA ($ 275.-) eingeteilt. Für den Export rüstete man das Sporting Model AA mit Kupplungsgriff am geänderten Lenker und Fußrasten statt Footboards zum Modell AAE aus. Dasselbe galt vergleichsweise für die elektrische BAE.

Zwei untenliegende Nockenwellen steuerten jedes Modell. Die Brennraumform ließ man sich wieder vom an seiner Zylinderkopf-Pionierarbeit Millionen verdienenden Ricardo lizenzieren. Nachdem Indian den interessanten mittleren Markt mit seiner Scout dominierte, unter dessen Eindruck Milwaukee sein eigentlich nicht schlechtes Sportmodell zurückzog, wollte man wenigstens im Bereich der Einzylinder wieder Boden gut machen. Die neue HD-Single holte in diesem Marktsegment gegen die vergleichbare Indian-Prince wichtige Punkte.

Aus den Erfahrungen mit der 350-ccm-SV-Single leiteten die Ingenieure der Motor Company den 750er V2 mit vier untendrehenden Nockenwellen ab. Der 45 cu.in. startete sein langes Dasein 1929. Wie zu erwarten, folgte der 1200er SV-Big Twin ein Jahr später (1930). Die Brennraumform lizenzierte Sir Harry Ricardo schriftlich und bestätigte ebenso die regelmäßigen Überweisungen.

Seitenventiler sind einfacher und billiger herzustellen als OHV-Motoren. Um die Serienfertigung zu erleichtern, wurde 1930 die beliebte kopfgesteuerte 350er von einem 500er Seitenventilmodell abgelöst. Die stattete man fast genauso aus wie die 750er. Dazu war sie aber zu schwach.

Während der dunkelsten Depression wurden die Preise für die Einzylinder gesenkt. Bei den Singles mußten zur Käuferstimulierung Preise und Gewinne äußerst niedrig angesetzt werden. Von Selbstkosten und Aufwand her waren sie zwar ebenfalls richtige Motorräder, aber im Verkaufsergebnis nicht entfernt zu vergleichen mit

HARLEY-
DAVIDSON

HARLEY-
DAVIDSON

Links oben: Die schnellere, elektrifizierte BA von 1927. Auch in der 3-Steuer-PS-Klasse, man konnte mit zwölf wirklichen Pferdchen rechnen. Die robuste Verläßlichkeit dieses Motorrades und des bei ihm eingesetzten HD-Single-Unit-Electric-System war berühmt.

Unten: Die ebenfalls HD-Elektro bestückte schnelle BAE von 1927 war auf ihren Exportmärkten ein voller Erfolg. Eine 350er, die über 100 km/h fuhr und dabei nicht kaputtging, war was seltenes.

Rechts: Ab 1930 wurde die 500er SV Single eingeführt. Damals war die 350er SV mit ihren gerade erreichbaren 90 km/h halt selbst den bargeldlosen Jugendlichen oder denen, die nur auf billige Transportmaschinen aus waren, zu lahm. In ihrem Einführungsjahr kostete sie mit $ 235.- immerhin $ 40.- mehr als die ältere und lahmere Schwester. Hier wird demonstriert, wie einfach der Deckel des Zylinders abgenommen und wie leicht darum Pflege und Wartung wird.

den teuren, prestigiösen Twins. Während z. B. für die 1200er V Big Twin von 1932 immerhin 320 Dollar plus Fracht verlangt und auch bezahlt wurden, lag die Standard 750er R mit 295 Dollar schon etwas niedriger. Für die 500er SV-Single galten $ 235.- plus Fracht. Die so ähnliche Seitenventil-350er verramschte man für gerade 195 Dollars, wobei man an der 350er nur das große vordere Schutzblech durch ein schmaleres ersetzte und sonst nicht viel mehr als die Werkzeugkiste wegließ. Die 500er SV war auch als Kombination mit dem Goulding-Beiwagen bestellbar, aber soviel Zeit, so ein Teil auch zu fahren, hatten wenige Kunden, und bald unterblieb werksseitig dieses Angebot.

Ähnlich gingen Versuche aus, die Single als Träger verschiedener Nutzmobile zu präsentieren. Um den kommerziellen und behördlichen Kunden neue Anreize zu bieten, entwickelten die fleißigen HD-Ingenieure lieber das Servicar mit dem 45 cu.in. Antrieb und brachten es 1932 auf den Markt. Das Jahr drauf, 1933, hatte die Firma mit unter 4000 verkauften Einheiten ein absolutes Tief. Bei ihren Händlermargen bedeutete das vor der Steuer nicht mal eine Million Dollar Jahresumsatz, also nicht nur kein Gewinn, sondern dicker Verlust. Das war wohl der kühl kalkulierte Hauptgrund, die Produktlinie weiter zu straffen und die Einzylinder 1934 einzustellen.

Über fünfzig Jahre danach wünschen sich manche, Harley-Davidson würde für die achtziger/neunziger Jahre wieder eine schöne, kräftige, verläßliche Single anbieten.

Seitengesteuerte Flachköpfe

Ende der zwanziger Jahre wirkten die ausgereiften J- und F-Modelle Harley-Davidsons trotz regelmäßiger Verbesserungen, Robustheit und Top-Speed nicht so modisch wie etwa die Vierzylinder von Henderson oder die Indian Chiefs. Selbst die in Kleinserie aufgelegten, sehr schnellen »Two Cam« 74 cu.in. JDHs änderten daran nichts. Designmäßig war man gegen die Konkurrenz ins Hintertreffen geraten, denn prinzipiell sah der wechselgesteuerte HD-Big-Twin-Motor kaum ander aus als der HD-V2 von 1913. Optisch und technisch vermochte er mit seiner Ausstrahlung die stets gerne auf neue Showeffekte ansprechenden Amis kaum aufzuregen.

Zu der Zeit warben die Autofirmen stark mit den Vorzügen der bei ihnen dominierenden Seitenventilmotoren, den sogenannten Flachköpfen. Natürlich propagierte auch Indian der Motorbranche den aktuellen Modebegriff als der Weisheit letzter Schluß. Schließlich hatten sie schon lang auf dieses Design gesetzt. Der wechselgesteuerte Harley-Motor dagegen schien ein Relikt der Vergangenheit und sicher kein Erfolgsrezept, um die eintretende wirtschaftliche Flaute – um das geringste zu sagen – gegen eine harte Konkurrenz zu überstehen.

Ab 1929 lieferte man ja die relativ schweren 45 cu.in. Twins aus. Mit denen gelang es Harley-Davidson aber nicht, sich in ihrer Klasse gegen die flotteren, leichteren Twins von Indian und Excelsior – Scout und Super-X – durchzusetzen. Um die Nachfrage nach ihren Produkten zu steigern, war man sich eigentlich schon mit der neuen Single-Generation, spätestens aber seit Inarbeitnahme des 750er-Twin-Projekts in Milwaukee einig, die ehrwürdige wie langbewährte J-Reihe mit dem vorgeblich moderneren Big-Twin-Konzept – eben dem großen Seitenventiler – abzulösen. Nun testete man den dann V-Modell genannten neuen Seitenventiler-Standard 74 cu.in. sowie den höherverdichteten VL vielleicht ein Jahr zu wenig aus und warf ihn dafür wahrscheinlich ein Jahr zu früh auf den Markt. Daran werden seinerzeit verständliche wirtschaftliche Überlegungen schuld gewesen sein.

Trotz jubelnder Eigenwerbung über Vorzüge und Bequemlichkeiten der neuen V- gegenüber den alten J-Modellen erlebten Werk, Käufer und

Ein als Harley-Davidson »Silver Eagle« bezeichneter früher Flathead-Prototyp, der noch reichlich unfertig aussieht.

Modell 30-V, der 74 cu.in. Bigtwin von 1930 kostete damals 340 Dollar ab Fabrik – er sollte in den folgenden Jahren sogar billiger werden. Er gab 28 PS am Hinterrad ab, hatte einen neuen, verstärkten Rahmen, als Diebstahlschutz serienmäßig ein Lenkradschloß – schon damals wurden besonders Harleys gerne geklaut – als Lampen noch die zwei Ochsenaugen, als Zubehör den Tacho, im Vergleich zu den Wechselgesteuerten eine vergrößerte Kupplung, der eigenartige Auspuff wurde vom Werk mit »Nur eine Meile langsamer als ohne – aber so viel leiser!« beschrieben.

Polizeiausführung der 74 cu.in. Bigtwin von 1930, mit vom Hinterrad angetriebener Sirene, Erste-Hilfe-Box, Feuerlöscher, Tacho mit Geschwindigkeits-Feststeller.

Die geschmiedete VL-Gabel brachte ca. einen Inch höhere Bodenfreiheit, dämpfte besser, außerdem sah sie »etwas anders« aus. Sie wurde von J- und JD-Besitzern gerne an ihre Maschinen nachgerüstet und brachte als Zubehörteil Werk und Händlern ein klein wenig Gewinn in den finsteren frühen dreißiger Jahren. Für die Steuerköpfe der ab 1936 angebotenen OHV-Bigtwins war sie zu groß. Weiter verlor sie an Popularität, als später die Mode der Überlängen-Springergabeln aufkam, denn man konnte kaum sauber Verlängerungsstücke in sie einschweißen.

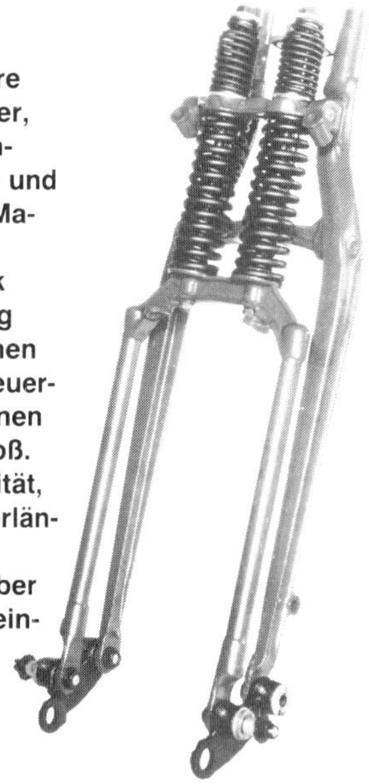

Händler 1930 bis 1932 hauptsächlich die Kinderkrankheiten des Big Twin und erlitten viele sich herumsprechende Enttäuschungen mit häufigen Garantiefällen. Zu schnell durfte man sie nicht bewegen, denn sie war wegen ihrer anfänglich kaum vom Öldunst benebelten Ventile gefürchtet.

Vor dem Hintergrund der Depression Anfang der Dreißiger mit ihrer Massenarbeitslosigkeit und kaum noch vorhandener Kaufkraft mußte die Harley-Davidson Motor Company in ihrem wichtigsten Marktbereich miese Gurken verkaufen. Das Management war nicht zu beneiden. Die Verkaufszahlen rutschten von 1929 über 20 000 kontinuierlich bis in den tiefsten Keller des – oder eigentlich nur noch düsterstes Bohrloch zu nennenden – Katastrophenergebnisses des Jahres 1933 mit gerade 3700 Stück. Warum die vier Gründer zu dieser Zeit noch weitermachten, ist verwunderlich, das läßt sich nicht mit Optimismus oder Beharrlichkeit allein erklären. Sie hätten alle in andere Karrieren einsteigen, ihr Grund und Gut günstig verhökern können. Es muß etwas mit ihrer Besessenheit für Motorräder zu tun gehabt haben. Mit der forcierten sie auch die Genesung ihres Big Twin, der spätestens ab Mitte der Dreißiger mit der Indian Chief mithalten konnte. Die Neuheit für 36 war der 80 cu.in. Flachkopf: ein Bud Spencer der Motorräder – dick, gutmütig, enorm kräftig. Mit mehr Dampf hinter Pranke und Gemüt als sein schlankerer und schwächerer Zwilling, Bud's 74 cu.in. Basismodell.

Was man Jahre zuvor bei der Vorstellung der neuen Einzylinder kaum ahnen konnte, wurde bei der großen Excelsior-Henderson, der Indian-Ace Four sowie der Indian Big Chief und jetzt mit den neuen 45 cu.in. und 74 cu.in. Harley-Seitenventilern deutlich: Die Konstruktionsphilosophien der USA und Europas ähnelten sich kaum noch. Auf dem alten Kontinent versuchten die Europäer, zumindest auf dem preiswerten Massenmarkt leichte, hubraumniedrige, ökonomische Motorräder wie Autos anzubieten.

Der Trend in Europa war, mit innovativen technischen Veränderungen aus wenig Hubraum bei hohen Drehzahlen viel Leistung zu holen und natürlich hubraumabhängige Steuern wie Versicherung zu sparen. Dort waren Autos in der Anschaffung weitaus teurer als ein Motorrad oder Gespann, die Unterhaltskosten spielten eine ganz andere Rolle. Die Entfernungen in den kleinen Ländern Europas schienen vergleichsweise lächerlich, die Städte waren eng vernetzt, drängelten aneinander.

Die Amerikaner kannten keine hubraumabhängigen Steuern, keine wirkliche Versicherungspflicht und spürten Benzinpreise etc. kaum, sie waren weder behördlich noch räumlich eingeengt. Ihre Konstrukteure verfolgten das entgegengesetzte Ziel, aus möglichst viel Hubraum bei denkbar niedrigen Drehzahlen tunlichst wenig PS zu erbeuten. Gerade mal das hohe Drehmoment für lockeres Dahinbummeln über weite Entfernungen interessierte sie. Ihre motorgetriebenen Vehikel schauten prinzipiell groß, schwer und widerstandsfähig aus.

Wahrscheinlich 1930 für ein Land mit Linksverkehr zusammengestelltes Gespann: 1200er-Maschine 30-V, Boot 30-LT, kostete 110 Dollar. Als Zusatzausstattung kamen Tachometer, Lenkungsdämpfer, Bootsscheibe und Lampe hinzu. In dieser Ausführung hätte der potentielle Käufer in den USA mehr zu zahlen als für einen einfachen Ford T. Höchstens in den Unterhalts- und Reparaturkosten hatte das Motorrad noch »vernünftige« Vorteile vorzuweisen.

Modell 32-R. Der bis dahin zu Beschwerden Anlaß gebende 45-cu.in.-Motor wurde 1932 verändert. Ins Auge fällt, daß die Lichtmaschine nicht mehr als »dritter Zylinder« neben dem vorderen steht, sondern ähnlich wie beim großen Bruder zwischen Motor und Rahmen liegt. Unter anderem wurden nun Alukolben beigegeben und die Schwungräder vergrößert. 295 Dollar f. o. b. Milwaukee.

William H. Davidson gewann als hervorragender Motorradfahrer viele Rennen. 1930 wurde er auf seiner frühen 750er Flathead National Enduro Champion durch den entscheidenden Sieg beim harten Jack Pine-Geländerennen. Um diese Zeit sitzt er hier vor dem Werk auf seiner privaten sonderausgestatteten und schön gepflegten Flathead – man beachte die Spiegelung im Boot. Knapp fünfzehn Jahre später wurde er Nachfolger seines Onkels Walter Davidson als Präsident Harley-Davidsons.

Nordamerika war endlos, über weite Strecken einsam. In den USA war im Straßenbau einiges seit dem ersten großen Krieg passiert. Aber erst, als ab 1933 der neue Präsident Franklin D. Roosevelt mit dem »New Deal« die öffentliche Hand vorher ungesehene Summen in öffentliche Projekte wie den Straßenbau investieren ließ, entstand in den USA das Gerüst des heutigen Straßennetzes. Was neben Jobs soziale Beruhigung und ansteigende Kaufkraft brachte. Gegen die so

Ein Strandpicknick mit zwei Flatties und zwei Pärchen, die Fotos dieser Reihe wurden am Strand des Lake Michigan aufgenommen und als Titelbild des Enthusiast im August 1932 und Juli 1933 verwendet.

billigen Autos konnten die verbleibenden US-Motorradfirmen nur ein kleines Segment des Gesamtmarktes für motorisierte Fahrzeuge halten.

Für Excelsior-Chef Schwinn war das Motorradgeschäft nicht mehr lohnend genug, er stieg aus und konzentrierte sich auf seine profitablere Fahrradfirma. Ab den dreißiger Jahren stellten in den USA nur noch Harley-Davidson und Indian Motorräder her. Beiden stand das Wasser bis zum Hals. In Milwaukee überlegte man z. B., den »Enthusiast« einzustellen, gab ihn dann nur noch gegen fünf Cent ab. Man ließ nur noch wenige Tage in der Woche kurz arbeiten. Auch das Wigwam steckte in finanziellen wie internen

Der 45-cu.in.-Twin, 1933, damals 33-R geheißen, für 280 Dollar konnte man ihn im Werk abholen. Je nach Lage seines örtlichen Händlers mußte man bei heimischer Abnahme ein paar Dollar Frachtgebühren drauflegen. Für zusätzliche zehn Dollar extra gab es das 33-RLD-Special-Sport-Solo-Model, bei dem die Brennraumeinläße anders gegossen waren, damit der Vergaser die Zylinderköpfe direkter bedienen konnte.

Beim 45 Twin-Model von 1934 wurden wie im ganzen Jahrgang die Rahmen verstärkt, die Kupplungsfedern der 45er wurden vergrößert und vom Material verbessert, eingeatmet wurde nun mit dem Linkert-Vergaser, ausgeatmet durch den »Highflo«-Burgess-Auspuff, zum leichteren Radwechsel diente der abklappbare hintere Kotflügel, das Design hieß »Flying Diamond«, das »Airflow«-Rücklicht konnte auch mit Bremslicht bestellt werden.

Der 45-cu.in.-Twin von 1935 wurde ausgeliefert mit folgenden Veränderungen: polierten Zylinderwänden, geschlitzten Kolben, verbessertem »Constant Mesh«-Getriebe, verstärkter Hinterradbremse, erstem Sturzbügel, dem im Enthusiast Vorstellungsheft der 35er-Modelle sogenannten »Beehive«-Rücklicht, dem nach unten weisenden Auspuff-Deflektor. Lackiert war das ganze wieder im sogenannten »Flying Diamond«-Design, das es in fünf zweitonigen Farbkombinationen gab.

Wochenend und Sonnenschein. Wer wollte nicht mit dem lächelnden Freund tauschen!

Schwulitäten. Ihre »Indian News« wurde einige Jahre nicht mehr gedruckt.

Die Dachvereinigung AMA stand ebenfalls vor dem Ruin. Indian sowie fast alle Zubehörfirmen machten klar, daß sie kaum helfen könnten. Ohne das finanzielle wie organisatorische Engagement des selber blutenden HD-Werkes hätte die AMA dichtgemacht. Es sollte nicht verwundern, daß damit der Einfluß Milwaukees im Verband gewachsen ist.

Anfang der dreißiger Jahre erkannten die HD-Verantwortlichen einen von ihnen vor fast fünfzehn Jahren begangenen Fehler: Bei den in Massen produzierten und immer billiger verkauften Autos war es dumm, besonders Nutzen und Preiswürdigkeit eines fast so teuren Motorrades herauszustellen. Der Wagen kostete vielleicht ein paar Dollar mehr, aber er bot dafür viel mehr an Laderaum, Bequemlichkeit und Prestige. Ein Motorrad würde sich zu dieser Zeit kaum jemand als Familien- oder Firmenfahrzeug zulegen, der vernünftig kalkulierte. Es sprach weniger den kühlen Rechner an als den, der ein spaßiges Spielzeug suchte.

Baujahr 1938. Modell 38-U, die Ausführung des 74 cu.in. Flatheads mit mittlerer Kompression. Die US entsprach der U, nur ihre Gänge waren für Beiwagenbetrieb ausgelegt, die UL war das etwas teurere 74 cu.in.-Sportmodell. Die optisch kaum zu unterscheidende 80 cu.in.-Reihe hieß entsprechend UH, UHS und als absolutes Sahnestück die hochverdichtete ULH.

Der 74er-SV-Twin von 1940 mit Gußköpfen, neu waren die vergrößerten Hubwellen-Lager, die Kühl- oder Verstärkungsrippen auf dem Gehäusedeckel, die halbrunden Footboards, die verbundenen Tankhälften, die mit dem Benzinventil auf der oberen linken Tankhälfte leicht zu regulieren waren, die tropfenförmige Werkzeugkiste.

Mit ihrer den Gebrauchswert betonenden Modellpolitik, der langweiligen olivfarbenen Lackierung, und der biederen Werbung hatten sie eigentlich eher den falschen, schwindenden Kundenkreis angesprochen. Statt des sattsam bekannten Olivs wurden nun verschiedene attraktive Farbkombinationen und Tankdesigns aufgetragen. Die Werbung wurde umgestellt.

Das Smithsonian Institut in Washington änderte für eine Motorrad-Ausstellung das Harley-Davidson-Original-Plakat zur Einführung der neuen 45 cu.in. D-Modelle 1929.

Mit dem HD-Oliv-Drillich war es 1932/33 endlich vorbei, ab jetzt sollten Harleys wie der Spaß aussehen, den sie bereiteten. Wegen den schweren wirtschaftlichen Verhältnissen gingen in dem Jahr aber nur ein paar tausend weg.

Das 74 cu.in. U Flathead-Gespann des Butzbacher Reisebüro-Kaufmanns Peter Wolf, besser als »Haunsi«, bekannt. Der geduldige Haunsi hat sie nach Unfällen, sobald er konnte, schon ein paarmal wieder makellos aufgebaut. Sein steifes Bein läßt sich nach dem letzten Kurvenausflug wieder etwas winkeln, jetzt kann er die 1200er auch wieder Solo bewegen! Vor elf Jahren fuhren er und seine Frau Lotte auf einer Sportster nach Nepal, damals kehrten alle drei um einige Erfahrungen reicher heil wieder zurück.

Das ist die erste 1936 von der Fertigungsstraße genommene Harley-Davidson E, die von den vier Gründern in einer kleinen Zeremonie persönlich inspiziert wurde. Diese spezielle Maschine mit Meilenstand Null steht im Werksmuseum York/PA. Nach der Form der Zylinderkopf-Verkleidung des 61 cu.in. OHV-Motors wurde sie als »Knucklehead«, Knöchelkopf, bekannt.

Veteranentreffen in Tulare/CA. 1986. Leider war die so sauber aufgebaute 1200er Knucklo, Bj. 1947, weil über unserem Budget-Limit.

Clark Gable besaß mehrere Harleys, mit denen er am kalifornischen Clubleben der dreißiger/vierziger Jahre teilnahm. Hinter seiner in Las Vegas ausgestellten 74 cu.in. De Luxe Knuckle, Bj. 41, steht einer der Pokale, die er bei Amateurrennen und Concours d'Elegance gewann.

Der Berliner Indian-Händler Christian Timmermann über die beiden Exponenten der amerikanischen Big Twin Philosophie in der Vor- und Nachkriegszeit: »Der harte Imagekampf zwischen Harley und Indian scheint wie ein Cowboy- und Indianer-Film. Die Knuckle imponiert mir, aber statt für den Mittelwest-Cowboy hab ich immer für den Indianer-Häuptling – den Indian-Chief gehalten«

Über 40 Jahre alt waren Motor, Getriebe, Fahrwerk seines Knucklehead-Chopper – natürlich ein paarmal überholt –, als Uwe Illgner, »Lucky« (li.), Harley-Restaurator in Friedberg, mit Frau Susanne 1981 quer durch die USA fuhr. Uwe drosch Anfang der Siebziger seine erste Sportster bis nach Indien.

Alte Recken: Die Amis nehmen's nicht so tierisch ernst mit den Originalzuständen. »Wären damals solche Top-Reifen dagewesen, wir hätten die sofort aufgezogen. Warum sollten wir uns um den Fahrspaß bringen, wo's die heute gibt?« Indian Renn Scout und Harley-Davidson WR, die Konkurrenten der Class-C-Ära, auf dem Infield des Daytona Tracks, bevor ihre mir unbekannten Besitzer ein Match starten.

So wie die WLA ausgestattet ist – sogar die Munitionskiste links an der Gabel war voll – kann ihr freundlicher Besitzer gleich von Daytona Beach in den nächsten Krieg ziehen. Zum Schießen braucht er nicht mal zu stoppen. Den langen Bügel am Gewehrkolben klemmt man während des Ritts in die Achsel, so wackelt beim Trigger-Durchziehen der Lauf nicht.

Die erste Panhead FL im Museum York.

Uwe Illgners Hydra Glide.

Die beiden Oldtimer, in Tulare 86, müssen mal aber auch alles in ihren Zubehörkatalogen angekreuzt haben, da ihre HD Duo Glide und die Indian Big Chief mit großem Goulding Boot so full dressig sind. Der Berliner-Indianer Timmermann nennt den großen Goulding »Atombombe«, was ja so'n bißchen an den Geist jener Zeit erinnert.

Wolfgang Hübner mit seinem Pan Chopper. »Den 21-Zoll-Reifen mag ich am Chopper. Bei der Gabel mit 6 inch Überlänge hält er das Fahrwerk horizontal, seine Achsenhöhe ist dem Original fast gleich, die Gewichtsverteilung stimmt weiter, Geradeauslauf ist ruhig, Kurven lassen sich ganz gut angehen. Der optisch schöne SU-Vergaser hört sich wegen seiner Schiebergeräusche komisch an, aber läßt gegenüber dem Keihin den Motor runder laufen«

Wolfgangs Bruder Peter hat gerade die 66er Early Shovel in der Werkstatt zum TÜV vorbereitet, nun soll sie auch gefällig spuren, wenn er sie tritt.

Im kleinen Motorradmuseum des zigfachen Trial-Weltmeisters, Sammy Miller, in Südengland. Die 250er-Aermacchi-Harley-Davidson Sprint mit Einrohr-Rahmen. Ihr Stoßstangen-Motor war bis in die japanische Ära konkurrenzfähig. Ihre Schwächen waren Verarbeitung, Elektrik und so Zeugs.

The Great American Freedom Machine – Während der AMF-Epoche wurde aber auch alles produziert und vermarktet. Dieses Teil hieß Shortster, Hubraum 65 ccm, Magnetzündung, drei Gänge und erschien 1972. In seiner Verkaufsbroschüre wird es zu den »Harley-Davidson Out-Performers« gezählt. So gesehen relativiert sich die 1975er-Rekordzahl von über 70 000 verkauften Harleys erheblich.

Die 45 cu.in. WL von 1947. Obwohl sich so langsam die englischen Motorräder bemerkbar machten, ging es nach einem Produktionstief vor und nach Kriegsende etwas voran. Als Neuheiten zählen die veränderte Schaltkulisse, das neue Instrumenten-Bord, die Tombstone Rückleuchte. Der vordere hydraulische Stoßdämpfer unterstützte die Springergabel. Drei Farbkombinationen wurden angeboten, »das Bedürfnis nach Chrom anerkannt« und die Preise leicht angehoben.

750er-Flathead mit Brennraumdeckeln aus Aluminium und Tropfen- oder Ei-Werkzeugbox, Bj. 1947.

Das nun wieder ist die 38-WL, die 45-cu. in.-Maschine mit dem leichteren Goulding-Beiwagen und Rahmen. Baujahr 1938. Das Boot wird im Rahmen von einer hinteren quergelegten Blattfeder, einer kleinen Blattfeder am Beirad sowie den beiden vorderen Schraubfedern gedämpft. Scheinbar ein anglophiles Exportmodell von wegen Linksverkehr.

Wehrpflicht

William Harley, ein Inspektions-Beamter der US-Army, Walter Davidson im August 1931 vor dem Büroeingang der Motor Company mit zwei für die Armee bestimmten WLs. Diese robuste und leicht zu bewegende WL-Ausführung boten die Gründer der Armee an, überzeugt davon, damit das richtige Militärmotorrad zu präsentieren. Die Militärs wieder sollten sich erst nach einigen teuren und unnötigen Umwegen für die im wesentlichen der WL hier entsprechende spätere WLA entscheiden.

Jeweils ein Motorrad-, Jeep- sowie ein leichter Truckzug des 107. Regiments der US-Cavalry rücken aus. Wohin? I don't know.

Der halbstarke Panzer wird im Werksarchiv mit der Bemerkung »automatic Colt MG« geführt. Er wurde wahrscheinlich vor dem Krieg als Versuchsträger nach dem Konzept des Armee-Ausrüstungs-Amts in Fort Knox 1940 bestellt. Es handelt sich um eine 80-cu.in.-Flattie. Weil die Verkleidung wirklich aus Panzerplatten bestand, war der zugstarke 1340-ccm-Motor mehr als sinnvoll. Es wird trotzdem keine Rakete gewesen sein.

Noch so ein dreirädriges Panzer-Cabrio, das nie den Krauts oder Gooks das Fürchten (oder Lachen) lehren brauchte, sondern nur auf US-Erprobungsplätzen die solche Dinge ordernden militärischen Beschaffungsbeamten ob ihrer Wichtig- und Entscheidungsfähigkeit befriedigte.

Die WLA von 1941 für die US Army. Mit den hellen Aluköpfen, die besser als die Gußköpfe Hitze ableiteten, brachte der 45-cu.in.-Motor 25 PS bei einer Verdichtung von 6:1. Mit den Graugußköpfen gab's nur 4.75 zu 1.

Four – three – two – one – ignition – der äußerst konzentriert dreinschauende Nachwuchspilot wird von den beiden Fahrlehrern auf seine erste Umlaufbahn gerollt. Die Kameraden, die in zweiter Reihe darauf warten, daß sie an die Reihe kommen, schauen teils schadenfroh, teils skeptisch drein. Fahrschule der US-Army 1941.

Die WLC war die Ausführung der WLA für die Armee von Canada, statt des Gepäckträgers der WLA throhte auf dem hinteren Kotflügel der WLC ein Soziussattel mit reichlich Federweg. Baujahr 1942.

Ein weiterer kanadischer Auftrag war diese Knucklehead-Kombination, mit der die Kanadier ihre Spähpanzer antreiben wollten. Wie die Luft-Kühlung vor dem Differential im abgeschotteten Motorraum stattfände, war wohl eine der Fragen, an deren unbefriedigender Antwort ein Einsatz im Zweiten Weltkrieg scheiterte – den die Allierten trotzdem gewannen.

Dieses Trike hat man sicher lieber in Milwaukee zusammengestellt. 25–40 Stück des mit Knucklehead, Kardan oder Kette, Rechtsschaltung, Scheibenrädern zusammengestellten Entwurfs für ein Standardfahrzeug der US-Army wurden zur militärischen Bewertung 1940 gebaut. Die Gabel ist etwas länger und wurde dann bei der XA benutzt. Statt dieses gefälligen Dreirades übernahm die US Armee dann aber den Jeep, der sich in der Folgezeit bekanntermaßen bewähren konnte.

KEARNEY
CRACKING PRODU
ON THE FRONT LINE OF ACTION
With The United States Navy
HARLEY-DAVIDSON MOTOR CO.
NAVY
E

Linke Seite unten:
Der immerwährende Leiter der Service School, J. P. Ryan, rechts, im April 1943 mit im Werk an der WLA ausgebildeten Zivilbeamten des Militärs.

Rechts und unten:
XA/XS 1943 mit angetriebenem Beiwagen ist schon was Spezielles, die Antriebswelle zum dritten Rad dient auch als tragendes Teil des Bootrahmens. Die Ingenieure in Milwaukee kamen mit dem Kardanantrieb zurecht, waren aber insgesamt nicht sonderlich von ihm beeindruckt. Nach dem Krieg überlegten sie eine Weile, ihn wegen seiner Wartungsfreundlichkeit in reinen Nutzfahrzeugen zu verwenden.

US-Army-Fahrerausbildung 1943. Die militärischen Fahrschüler sollten auf ihren WLAs besonders den Übergang zwischen unterschiedlichen Geländen erlernen. Dieser hier stellt gerade fest, daß sich die WLA sehr viel leichter auf Asphalt als auf Sand beherrschen läßt.

Der Milwaukeer Möbelladen Niss, 1942. Das famose Harley-Davidson-Blitzbike, die u. k. ausgestellte WLA, der salutierende Hohlkopf McArthur, der Aufruf zum Kauf von Kriegsbonds, der Hinweis auf die fünf dienenden Kollegen – der Schaufenster-Dekorateur scheint ebenfalls wegen seines Talentes vom Armeedienst befreit worden zu sein.

Zivildienst

In den 20er bis 40er Jahren holten die Autowerkstätten die Kundenautos zur Inspektion oder Reparatur noch selber ab. Der Packard-Händler von Hollywood testete diese aufwendige Einzylinder für den damals üblichen Abhol-Service aus. Das Werk probierte damit eine zumindest für die Anfahrt schmale und preiswerte Alternative zum Dreirad. Aber mit ausgefahrenem Fahrgestell lief das Teil zu wacklig und ging darum nicht in Serie. Stattdessen entschied man sich für das auf der 750er-WL aufbauende Servicar, das ab 1932 verkauft wurde.

Rechte Seite oben: Der Mechaniker fuhr auf dem Servicar zum Haus des Kunden, übernahm das Auto und hängte das Servicar an die Stoßstange des Wagens.

Darunter: Servicar im Einsatz, der Beamte brauchte sich nicht mal zu bücken.

Links: Der sonderbare Bügel am Vorderteil des Servicars diente den Mechanikern zum Ankoppeln.

Unten: Wer in schweren Zeiten Motorräder verkaufen will, muß sich was einfallen lassen. Ein passendes Nutzfahrzeug zu den Straßenbauprogrammen der neuen Roosevelt-Regierung. Mit dem Fühler links konnte der Fahrer immer seinen korrekten Abstand zum Straßenrand kontrollieren, damit der Streifen in der Mitte auch wirklich ein Mittelstreifen war. Die Frequenz der Farbabgabe war zu regulieren, je nachdem ob ein Überholstreifen vorgesehen war oder nicht. Konnte man abends nichts mehr sehen, ging man z. B. ins »Old Heidelberg«.

645 493

Das Weglassen des Frachtkastens zeigt die gekapselte Antriebskette mit Differential und Starrachse, Schraub- wie Blattfederung, doppelte Hinterbremse sowie den dicken Auspufftopf. Beeindruckend, wie relativ aufwendig das Servicar verarbeitet war.

Servicar für die Polizei mit Sirene, Blaulicht und Scheibe, Mitte der 60er Jahre

Servicar als Sattelschlepper. Der Prototyp kam nicht in Serienfertigung, der 750-ccm-Motor mit seinen knapp 25 PS war wohl zu schwach, schwere, beladene Anhänger zu schleppen.

Volkssport: Peashooter und die WR

Mit den Harley-Davidson 350-ccm-Einzylinder-OHV-Rennern, den »Peashootern«, holten nun auch Privatfahrer ab 1926 nationale Titel. Sogar gegen die Konkurrenz der 750er OHVs und Seitenventiler oder der dicken 1340-ccm-SV und i. o. e. Hillclimber gewannen Peashooter. Mit den kleinen 350er Peashootern, den ähnlichen »Princes« von Indian und bald noch deutlicher mit den beiden Firmen-750er-SV-Renn-Twins – der WR und der Race Scout – hatte man gerade Amateuren zu günstigen Preisen ausgereifte Production-Racer zu bieten.

Ein neues Konzept der Rennstatuten stand seit Ende der zweiten Hälfte der zwanziger Jahre in Diskussion. So wie früher im Rennsport werksmäßig zu powern, daran ließ das Interesse der Hersteller nach, das war zu teuer und brachte zu wenig. Stillschweigend war man sich über diese Zurückhaltung einig. Der Sport sollte für die Firmen finanziell erträglich und für die nicht gesponserten Rennfahrer attraktiver werden.

Die AMA berücksichtigte in der Vorbereitung auf die sogenannte Class C, daß viele am Sport Interessierte schnelle und leichte europäische OHV-500er besaßen, die den größeren Seitenventilern eher überlegen als unterlegen waren. Seit 1934, mit der Einführung der Statuten der Rennformel Class C, galt dann, daß den von Drehzahl, Verdichtung und Brennraumform her gehandicapten Seitenventilern gegen die bauartbedingt leistungsfähigeren kopfgesteuerten Motoren ein Hubraumvorsprung von 750 zu 500 ccm gewährt wurde, also 500-ccm-OHV-Motoren gegen 750er-SV-Motoren in einer Klasse antraten.

Mir fällt keine bessere Illustration zu dieser Regelung ein, als daß sie vielleicht ein wenig an die der Formel 1 vor einigen Jahren erinnert, wo die Turbomotoren nur über den halben Hubraum gängiger Saugmotoren verfügen durften.

Das als kurze Einführung in die populäre Rennszene in den späten dreißiger Jahren und der Nachkriegszeit, die von den beiden verbleibenden Werken, Indian und Harley-Davidson, kaum noch direkt, sondern von vielen begabten Tunern und nichtprofessionellen Piloten geprägt wurde.

Wie gesagt, Veranstalter, Amateur-Piloten und Firmen waren Mitte der Zwanziger Jahre daran interessiert, zumindest auf den Kurz-Kursen die Materialschlachten der Class A Ära ausklingen zu lassen. Nach Indian und Excelsior fertigte Harley-Davidson seinen 350-ccm-Production-Racer ab 1926. So langsam waren die kleinen Flitzer auf den Kurzstrecken nicht, es wurden bis 150 km/h gemessen.

In den Dreißiger Jahren war Joe Petrali der einzige wirkliche Harley-Davidson-Werkspilot, er gewann zahllose Rennen und Meisterschaften speziell auf den von ihm mitentwickelten Peashootern. »Petrali« stand den am Motorrad Interessierten für Harley-Davidson-Siege, Harley-Davidson-Rekorde, Harley-Davidson-Rennmaschinen. Seine Geschichte (auch die seiner dicken Oberlippe) habe ich in »Mythos aus Chrom und Stahl« beschrieben.

Joe Petrali. Vor einem Dirttrack-Rennen auf seinem 21 cu.in. Renner. Von zwei unteren Nockenwellen über Stößelstangen gesteuerter, drehbereiter OHV Motor, mit zwei Auslässen und Magnetzündung, alles in einem gut liegenden, leichten Fahrwerk.

Die kleinen, leichten, hoch drehenden Harley-Davidson Einzylinder setzten sich in den Staaten auf den kurzen Dirttrack-Kursen bald durch. Als intelligente, leichte Wahl für manche Hillclimbs gewannen sie sogar gegen mindestens doppelt so starke Class A Climber. Im Bild ein 1928er Track-Racer mit verlängertem Ansaugtrichter und doppeltem Auslaß.

Ein 350-ccm-OHV-Peashooter von 1928 mit geändertem Rahmen, Dreiganggetriebe, Schebler Indianapolis Barrel-Vergaser, zwei Auslässen, zwei Bremsen, Fußbrettern. Wahrscheinlich ein Exportmodell für den Straßenrennsport. In England, Australien, Neuseeland, Schweden und anderen Ländern wurden die 350er Peashooter wegen ihrer Erfolge gegen hubraumstärkere Konkurrenten bei Grasbahn-, Speedway- und auch Straßenrennen in der Klasse bis 500 ccm sehr populär. Die Peashooter galten als schwer schlagbar. Aber viele Hunde sind des Hasen Tod. In England zogen besonders Rudge und JAP nach.

Hoppla, hoppla, was für ein eigenes Teil! Baujahr 1930 ist nachgewiesen, Modellbezeichnung 30 CAF. Connie Schlemmer überlegt im »Antique Motorcycle«, der Zeitung des Antique Motorcycle Club of America, ob es vom Flattrack-Racer CAC abstammt. Jedenfalls wird es nur in Kleinstauflage gebaut worden sein und allgemein als 500 ccm Straßenrenner für den Europa-Export eingeschätzt. Schlemmer schließt die Lieferung einiger weniger Modelle nach Japan nicht aus. Er restaurierte ein ähnliches Modell, allerdings mit gestrecktem Rahmen und nur 350 ccm Hubraum, das Werksfahrer Herb Reiber 1930 bei Hillclimbs einsetzte, wo es wegen seiner Leichtigkeit eine Weile Furore machte.

Hier allerdings erreicht Herb Reiber auf einem 45 cu.in. OHV Bergrenner den Höhepunkt des Muskegeon Hill Climbs im August 1940.

Bill Connelly und Fred Danrieam stellten auf ihrem 80 cu.in. Flathead-Gespann einen noch heute gültigen Transkontinental Rekord von 69 Std., 42 Min., 17 Sek. auf. Das war um 1,34 Stunden schneller als der alte Solorekord.

Brad Andres mit seinem 1938er WRTT Straßenrenner, noch mit der geschmiedeten VL-Gabel. Viele Class-C-Piloten besaßen nur eine Rennmaschine, die sie bei Straßen- wie auch bei Bahnrennen bewegten. Andres hängte seiner WRTT für Flat-track-Rennen – wie hier bei der Milwaukee-Mile – einfach die Bremsen aus.

Beim Milwaukee State Fair Rennen am 23. August 1947. Der Milwaukee-Kurs war ein klassischer one mile track. Besonders weit streckt die führende Nummer 7, Floyd Emde, das stahlbeschuhte Bein raus.

Oben links: Es hat sich gelohnt, Floyd Emde aus San Diego freut sich nach dem gewonnenen Rennen mit seiner Frau darüber, daß er damit die Ten Miles National Championship errungen hat. Interessant der hintere Zylinderkopf seiner WR.

Oben rechts: Der Motorrad-Polizist »Babe« Tancrede trug 1941 das Nr. 1 Schild eines Kurzstrecken-Champions und gewann hier gerade das Flattrack-Wochenende in Laconia 1941. Der linksstehende, herzliche Gratulant wird als John Harley überliefert, später Parts- und Productionsmanager in Milwaukee.

Links: Lowell Rettinger, einer mehr der vielen National Champions, die mit den HD-WRs gegen die Indian Race Scouts und die englischen OHV-Twins erfolgreich waren. Harley-Davidson gewann bis heute die weitaus meisten US-Grand National Championships.

Paul Albrecht aus Sacramento/CA wurde 1948 auf seiner WR Fünf-Meilen Dirttrack-Meister der Halbmeilenkurse.

Der populäre Leo Anthony, hier auf dem Kurs von Milwaukee, gewann mehrere nationale Meisterschaften. An seinem 1947er Racer änderte er die Standard-Werksausstattung, indem er Handkupplung und Fußschaltung verwendete.

WR von 1950. Der Rennmagnet zwischen den Zylindern war wegen seines stärkeren Zündfunkens geschätzt. Am Steuerkopf waren Erleichterungslöcher gebohrt und im Rahmenruckteil ein Verstärkungsrohr eingeschweißt.

Produktionsleiter William Davidson hinten links, Chefkonstrukteur William Harley hinten rechts, Service School Chef J. P. Ryan vorne rechts, entweder Abschlußfoto einer Service School Klasse oder Bild der Vorarbeiter der einzelnen Abteilungen, worauf ich tippe, in den Dreißigern.

Harleys verkauften sich nicht ganz von alleine, die Händler und Vertreter mußten schon was zu tun. Abschlußbild eines Lehrgangs an der Sales School in den dreißiger Jahren. Vierter von links in der hinteren Reihe Walter Davidson.

Eine Epoche beginnt: Harley-Davidsons erster OHV V2

Blättert man durch alte Motorradzeitungen, Bücher oder Berichte und versucht, sich in die für die amerikanische Motorradindustrie ökonomisch teuflisch schwierigen dreißiger Jahre reinzudenken, erwachen erstaunliche Gedanken. Ab etwa 1932 waren Harley-Davidsons technische Anfangsprobleme mit dem 1200er Flathead V2 überwunden. Gegenüber der Chief von Indian war er absatz- wie konkurrenzfähig, übertraf diese bald in den Absatzzahlen.

Schon in den dreißiger Jahren war Motorradkauf emotional: Gefiel mir das Ding oder nicht, wollte ich es wirklich? Überwiegend rationale Aspekte spielten bei der Auswahl nicht die Hauptrolle. Die meisten Käufer entschieden sich für eine Harley oder Indian Flathead, wie sie auf die unterschiedlichen Konzepte ansprachen und nicht zuletzt danach, in welchem Dunstkreis der sich befehdenden Markenenthusiasten sie sich bewegten. Schon aus dem Freundeskreis oder dem Markenclub heraus war die Entscheidung für einen »Hog« oder »Honest Injun« vorgegeben. Wer die Marke wechselte, mußte wahrscheinlich auch sein soziales Umfeld verändern. Harley-Davidson besaß einen überzeugten und geduldigen Kundenkreis, den man durch so oder so geartete Werks- wie Händleraktionen mal in seiner Treue belohnte, mal in seiner Loyalität strapazierte. Das Werk konnte auf feste Stammkunden rechnen, andererseits waren bei der niedrigen Kaufkraft mit radikalen Neuheiten kaum neue Käufer zu stimulieren.

Gerade mit den hervorragenden kleinen OHV-Peashootern, die in ihren Klassen die Rennstrekken der Welt dominierten, hatten die Konstrukteure aus Milwaukee bewiesen, daß sie die Umstellung von seitenventil- auf kopfgesteuerte Motoren beherrschten. In ihrem Arsenal besaßen sie sowohl in der 45 als auch in der 74 cu.in. Klasse zwei SV-V2-Motoren, die sich trotz einiger Schwächen nicht zu verstecken brauchten.

Setzten sie also in diese beiden bewährten Antriebe statt der Seitenventile Stößelstangen und obendrauf neue Zylinderköpfe mit Kipphebeln und hängenden Ventilen, könnten sie sichere Erfolgsrezepte für einen neuen Motorradtypus einlösen. Ein OHV-kopfgesteuerter Motor würde Leistung und bullige Charakteristik im Vergleich zum Ausgangs-Seitenventiler deutlich erhöhen.

Nun werden mir nicht zuerst heute solche Gedanken gekommen sein. Bei einer Konstruktionsabteilung, die ihren Titel verdiente und die von in der Industrie repektierten Namen wie Bill Harley, Bill Ottaway, Joe Petrali, Hank Syvertsen geadelt wurde, darf man davon ausgehen, daß dieses Projekt über das Prototypen-Stadium hinaus gedieh und erprobt wurde. Nach der Vorstellung der Flatheads hielten sich die Gerüchte, daß eine kopfgesteuerte Harley bald fällig sei. Und bald erschien ein derartiger schneller, von vier untenliegenden Nockenwellen angetriebener 750er-OHV-Motor mit Doppelauslässen wirklich. Er wurde 1930 in kleinen Zahlen an Rennfahrer für Hillclimbs oder ausländische Straßenrennen verkauft. Sogar in einem neuen Rahmen, der sich dann im harten Sporteinsatz bewährt haben soll.

Warum die Entwickler den neuen Motor nicht in eine zivile Straßenversion verwandeln und für die Serienfertigung vorbereiten wollten, bleibt ungeklärt. Die HD-Konstrukteure hätten mit einem solchen OHV-Motor für ihr normales Verkaufsprogramm eine Menge Zeit wie Entwicklungsarbeit eingespart und obendrein die vielleicht auftretenden und so peinlichen Kinderkrankheiten eines absoluten Marktneulings vermeiden können. Die meisten Einzelteile eines von der Flathead abgeleiteten OHV-Motors waren erprobte Komponenten. Sie blieben in der Fertigung gleich und ihretwegen bräuchte man weder Produktionsprozeß noch Werksabläufe aufwendig und teuer umzustellen, weil – wie gesagt – in den verschiedenen Versionen dieses Motors nur wenige Teile verschieden wären. Die immensen Kosten für eine Neuentwicklung ließen sich so reduzieren. Bei der allgemeinen Kauflust und dabei brutalen Konkurrenz der Autofirmen war dies nicht nur ein gesunder Gedanke, sondern zwingendes Gebot.

Die Gestalter der HD-Motor Company hätten mit ihrem nachgewiesenen geschmacklichen Gespür mit derart neuen Modellen auch designmäßig brillieren können. Es gibt leider nur Bilder der 750er Rennmaschinen, keine der potentiellen Alltags-Erlkönige, ich hab sie wenigstens nicht ausmachen können. Stattdessen entschieden die Verantwortlichen vor über fünfzig Jahren, den teuren Weg einzuschlagen, einen neuen langhubigen OHV-Motor zu entwickeln. Man könnte vermuten, die drei Davidsons und Bill Harley sagten sich, wenn wir schon in diesem unbequemen Geschäft bleiben, dann soll's wenigstens Spaß machen.

Für dieses ungeborene Baby waren sie in wirtschaftlich harter Zeit bereit, die Findigkeit und Arbeit ihrer intelligenten und nicht schlecht bezahlten Konstrukteure zu konzentrieren.

Sie nahmen in Kauf, deswegen ihre Produktion weiter aufzusplitten. Im neuen OHV-Motor standen die Zylinder 45 Grad auseinander, steuerte die untenliegende Nockenwelle über ihre vier Nocken und vier verschieden lange Stößel die Kipphebel (Finger) und Hebelarme (Rocker) im Zylinderkopf, die wiederum die Ventile bewegten. Alles war umschlossen, damals durchaus nicht selbstverständlich. Der Zylinderkopf, wie diverse andere Teile, war ein gutes Stück Gußarbeit. Im Antriebsteil verwendeten sie statt der Verlustschmierung das erste HD-Öl-Druckumlaufsystem sowie weitgehend Rollenlager. Andere Neuheiten waren der Doppelschleifen-Rohrrahmen, die Viergangschaltung, das auf dem Tank angebrachte Instrumentenbord, die gezogene Chrom-Molybden-Vordergabel.

Mit Investitionsimpulsen, Preis- und Produktionsvorgaben, aber auch Gesetzen steuerte Präsident Roosevelt die Wirtschaft. 1934 wurden

Überstunden ungemein erschwert, statt denen sollten neue Arbeitskräfte eingestellt werden. Die Knuckle war 1934 prinzipiell fertig. Die Erprobung der Prototypen sowie die Produktionsvorbereitung sollten diesmal gründlicher ausfallen und mit dem eingespielten Team durchgezogen werden.

Irgendwelche Behördenvertreter oder mißgünstige, bei H-D nicht vertretene Gewerkschaften hatten aufgepaßt und machten aus der Nichtachtung der Vorschriften einen Skandal. Hunderte neuer Mitarbeiter hätten eingestellt werden müssen, die Arbeiten gingen kaum voran. Das Wunschkind kam nicht zum von seinen Erzeugern geplanten Geburtsjahr 1935 in diese Welt. Gerüchte über eine neue OHV-V2 Harley-Davidson und ihr baldiges oder nimmermehriges Erscheinen schwirrten und rotierten etwa ab 1934/35 rundum.

Für die Öffentlichkeit überraschend brachte das Werk dann 1936 die neue 61 cu.in. E-Serie heraus. Schmierungsprobleme nahmen die beeindruckten Kunden in Kauf. Die Motoren mit obenhängenden Ventilen waren belastbarer, hitzebeständiger, dank Zentrifugalölpumpe sowie drehzahlabhängigem Öl-Entlastungs-Ventil. Das war bei hohen Drehzahlen zwecks maximaler Motorschmierung geschlossen, bei niedrigen offen. So umging das Öl das Getriebe und wurde durch den Öltank zurückgeleitet. Das bald überall Knucklehead genannte Motorrad stellte eine ästhetische und auch fahrerische Wonne dar, das dem amerikanischen Motorrad überall neue Freunde gewann. Es wurde in seiner Erscheinungsform und Technik über die nächsten zwölf Jahre – und eigentlich bis heute – nur behutsam, nie wesensmäßig verändert. Seine optischen Komponenten wie Starr-Rahmen, der genau in die Rahmenschleife passende Motor (der wegen seiner Höhe einen eigenen Tank brauchte), der Horseshoe-Öltank, Fishtail-Auspuff, die Gabel und Schutzbleche sowie die geschmackvolle, gepflegte Lackierung paßten zusammen und formten auch für die kommenden Generationen das Bild des klassischen Motorrades.

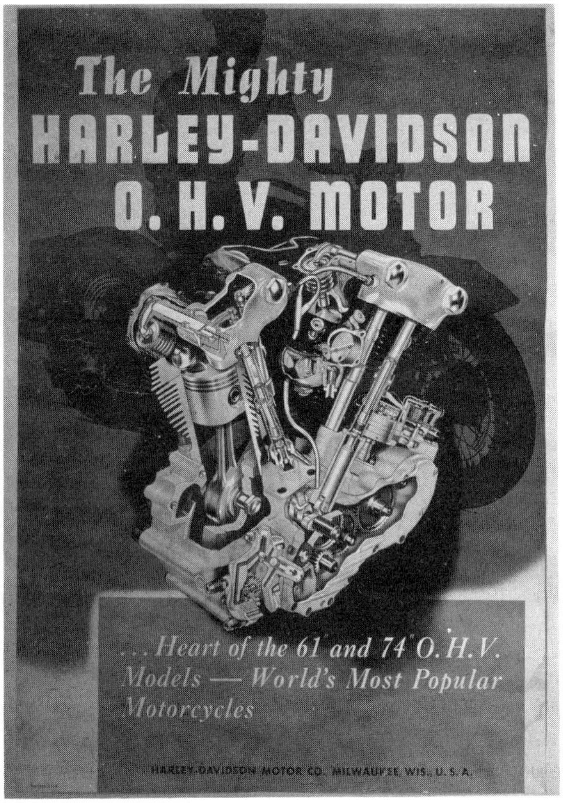

Harley-Davidson hatte seinen Stil und seinen klassischen V2-OHV-Motor gefunden. 1941 brachte das Werk mit großen Hoffnungen dessen 1200er-Version heraus. Vielleicht hat man bei Harley seit damals gewisse Probleme mit den Japanern, denn die vermasselten das erste Jahr der großen Knuckle mit ihrem Angriff auf Pearl Harbor und dem darauf folgenden Krieg.

1942 wurden nur sehr wenige 1200er Knuckleheads gebaut, 41 und 42 gelten ob ihrer hervorragenden Qualität als »H-D-Jahrhundert-Jahrgänge«.

Ach so: Die Verkleidung der Ventilmechanik im Zylinderkopf, die Rockerbox, kann einen an die heraustretende Form der Knöchel – Knuckle – einer Faust erinnern. Darum also der Kose- oder Spitzname Knucklehead.

Selbstverständlich gaben ihre Erzeuger den Kopfgesteuerten je nach Motor- und Getriebeausstattung richtige, bürgerliche Namen mit ins Leben. Mit dem Familiennamen E wurden werksseitig die Motoren mit 61 cu.in. Hubraum bezeichnet. Die um kein anderes Initial erweiterte E war Vanille einfach – 1000 ccm, niedrige Kompression; EL die höher verdichtete Special Sport Solo; ES die Gespannausführung, Getriebe wahlweise mit Rückwärtsgang. Die hubraumhöhere 74 cu.in. Sippe erhielt den nächsten Buchstaben im Alphabet, das F. Die Typen F, FL, FS wurden entsprechend ihren E-Vorgängern getauft.

1937 starb Produktionschef William A. Davidson. Sein Bruder, Firmenpräsident Walter Davidson, verstarb 1942. 1943 ging Bill Harley. Als abschließende Krönung ihres Lebenswerks hatten sich die Gründer noch zu Lebzeiten mit der Knucklehead ihr unvergängliches, rollendes Denkmal gesetzt.

Die nächsten Jahre wurden im Werk hauptsächlich WLAs gebaut. Während des Krieges konnten Zivilisten Fahrzeuge nur gegen seltene Bezugsscheine kaufen. Die Entwicklungsabteilung kümmerte sich immer wieder um die gern etwas ölende Knucklehead. So richtig glücklich wurde man nicht und konstruierte sie schließlich um. Auf die Knuckle folgte 1948 deren wesensmäßig gleiche und hauptsächlich in Ventiltrieb und Schmierung verbesserte Ausführung, die Panhead. Auch die Panhead behielt ihre klassische Erscheinung, die auch nicht verschwand, als sie 1965 vom Early Shovel abgelöst wurde, der wiederum den Zylinderkopf modernisierte.

Das erste Baujahr des 61-OHV-Motors – 1936. Die Eckdaten des Zylinders waren: Bohrung 84 mm, 87 mm Hub. Der Motor gab bei 4800 rpm 40 PS ab, zehn mehr als der 74er Flathead. Das Gesamtgewicht betrug fahrbereit 256 kg.

Der 61 cu.in. OHV Twin von 1937, Modell 37-EL als Single Sport oder mit etwas niedrigerer Kompression als 37-E. Das Foto wurde später von einem Grafiker für aufmunternde Reklamezwecke derart retuschiert, daß dann der Pilot durch eine sonnige Landschaft düste und die Räder die Bewegungsunschärfe schnellen Rotierens zeigten.

Im Werk werden nach dem Anschweißen der Gußstücke die Knuckle- bzw. Flathead-Rahmen spannungsfrei geglüht. Auch die Rahmen der anderen Modelle, die Gabeln, Sitzrohre, Sturzbügel und Anschlußbügel der Servicars wurden hartgelötet. In der Rahmenabteilung war es laut und heiß, die glühenden Rahmen leuchteten orange, und es röhrten die Schweißgeräte. Aufgenommen 1939.

Ein klassisches Fahrwerk, leichtes Handling, tiefe Sattelposition, enorme Verwindungssteifigkeit sind einige Pluspunkte des in wesentlichen Punkten verstärkten „Straightleg“-Rahmens der Bigtwins von 1937.

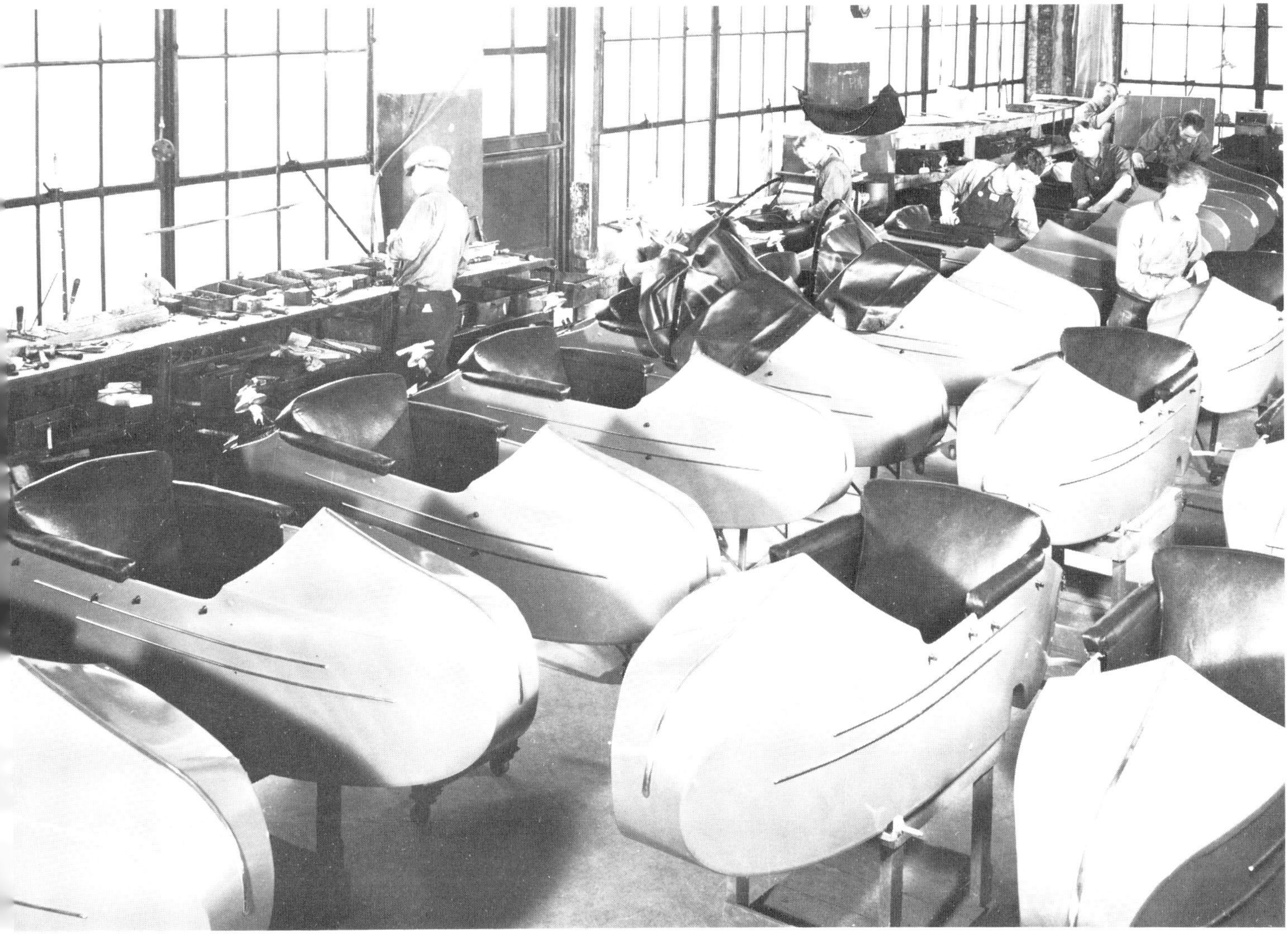

In dieser Abteilung setzte man die blechernen Karosserien der Boote und der Servicar-Kästen zusammen. Bei insgesamt 8000 verkauften Solo-Motorrädern aller Typen im Jahr 1939 scheint dieses Bild der nicht so begehrten Beiboote einen nicht unwesentlichen Anteil der Seitenwagenproduktion darzustellen.

Und so sah die Knuckle dann mit Beiwagen aus.

So ein großzügig mit 61 cu.in. Knuckleheads gefülltes Regal mag sich heute mancher in seinem Keller oder in der Garage wünschen. Ich würde sogar meine Wohnzimmerwand dafür freimachen. Aufnahme 1939 im Motoren-Lager, wo die Treibsätze auf ihren Einbau in die Rahmen warteten.

Die Antriebszahnräder mal blank, ohne ihren wohlgeformten Deckel.

Modell 38-EL, 61 cu.in. Special Sport Solo von 1938. Die Verkleidung der Rokkerarme wurde geändert, damit der Kopf leiser und sauberer sei, mit Dichtungen aus synthetischem Gummi sei er jetzt sicher versiegelt. Dazu ist zu sagen, daß das Werk die Zylinderkopf-Partie der Knucklehead immer mal wieder »weiter perfektionierte«.

Durch eine kleine Seitenstraße San Franciscos patrouilliert die auf Motorräder und Auto verteilte Police-Task-Force des SFPD aufmerksam und gemächlich, auf das Wohl der Bürger bedacht. Vielleicht bedeutet die etwas bessere Ausstattung des vorderen Motorrades, daß es vom Police-Anführer geführt wird.

Und 1939 wird's auf die amerikanische Art auch eleganter: Ab diesem Jahr wurde die Knuckle erst in zwei (Sport oder De Luxe), dann in drei (Utility, Sport oder De Luxe) Ausstattungsvarianten geliefert. Das teure De Luxe Zubehörpaket kleidete die Knuckle in einen hübschen Reiseanzug mit beachtenswerten Taschen, den Sturzbügeln, Zusatzscheinwerfern, Brems- und Frontfenderleuchte, Conchosattel sowie diversem Chi-Chi.

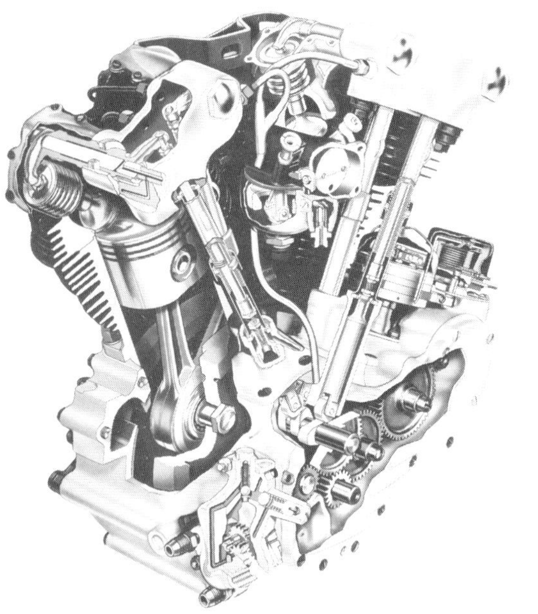

Phantom-Zeichnung des Knucklehead-Motors. Interessant der Feuerring um die obere Zylinderwand, den es nicht bei allen Knuckles gab und der das Durchblasen der Dichtungen verhindern sollte.

Die California Highway Patrol – CHP – ein ewiger HD-Kunde, setzte 1938 von diesen mit Radio ausgestatteten 61 cu.in. Police-Modellen 40 Stück ein.

Beim 1940er Modell änderte man die Kipphebelwellen und Finger, damit die Ölversorgung besser funktioniere, die Kühlrippen der Zylinder vergrößerte man und weil man grad dabei war, verrippte man auch gleich den Dekkel am Kurbelgehäuse.

Are we having fun on our Sixty-One? Oder ist es die 1200er? In Sonne und Landschaft, 1941, im letzten Friedenssommer.

In seiner aus dem Harley-Davidson-Katalog zusammengestellten Bekleidung gewandeter Freund mit der ebenfalls mit Satteltaschen und hinterem Sturzbügel aufgewerteten 61 cu.in. E oder EL, Jahrgang 1941. Wer seine Harley »nur« in der preiswerten Utility-Ausführung geordert hatte, konnte sich für etliche Dollar achtzig aus dem Zubehör-Katalog auch die besseren Ausstattungen zusammenstellen.

Inzwischen erreichte die Polizeistreife eine Meldung über den von HD entwikkelten Motorrad-Sprechfunk und nun jagt sie mit eingeschalteter Sirene, blinkendem Blaulicht und aufgerissenem Gasgriff zu ihrem nächsten Einsatzort, um das Schlimmste zu verhindern oder wenigstens den Übeltäter zu stellen.

Einer der letzten Knucklehead-Motoren, die Ölpumpe hat hier erstmals zusätzlich ein Mitnehmerrad, das bei niedrigen Drehzahlen verhindert, daß zu viel Öl ins Primärgehäuse geschleudert wird.

Das war's dann. Ihre Abschiedsvorstellung gab die Knucklehead 1947. Inzwischen hieß die 74 cu.in. Ausführung FL und war gegenüber der 61er EL die populärere. Schaltkulisse und Folge waren in diesem Jahr verändert, Sturzbügel vorne und hinten waren serienmäßig, ein neues, glatteres Instrumentenbord sowie die den Beleuchtungsvorschriften der meisten US-Staaten entsprechende Tombstone Rückleuchte. Der zusätzlich vorne angebrachte hydraulische Stoßdämpfer milderte die in die Jahre kommende Springergabel etwas, doch die fällige Hydra-Gabel sollte noch bis zur Pan 1949 auf sich warten lassen. Der Zubehörhandel machte inzwischen mit diversen Telegabeln für Harleys Geschäfte.

Der Stil bildet sich aus: Panhead

Wegen Krieg und Materialbewirtschaftung verschob sich die geplante Ablösung der Knucklehead. Schließlich kam 1948 eine überarbeitete Version derselben, die OHV-Panhead mit 61 cu.in. und 74 cu.in., auf den Markt. Ein letztes Jahr wurde noch die Springergabel eingebaut. Das Einführungsjahr des neuen Motors war mit 30 000 verkauften Motorrädern geschäftlich akzeptabel, die Panhead beeindruckte mit ihrem Anteil daran. Doch bis ihr Verkauf dann 1965 eingestellt wurde, steuerte sie selten mehr als 6000 der mit ihr ausgestatteten Big Twins zu den sich auf höchstens 15 000 Stück einpendelnden jährlichen HD-Gesamtverkaufszahlen zu.

Die geschäftliche Nachkriegsflaute erklärte man sich verschiedentlich. Die günstigen Preise der Konkurrenten aus England, die hohe Importzahlen ins Land brachten. Nach dem Krieg rutschten die Frachtraten der viel zu vielen auf Aufträge wartenden Dampfer. Dann waren die Einfuhrtarife in die USA besonders niedrig und kamen selten über fünf Prozent Zoll. Die Importeure der englischen Marken waren mit allen Wassern gewaschene Profis, wie Floyd Clymer oder Alf Child, die früher lange für bzw. mit HD gearbeitet hatten. Die wußten bestens über Fehler, Empfindlichkeiten, Schwachpunkte bei HD Bescheid und nutzten ihre Kenntnisse. Außerdem boten sie kleine und mittlere Motorräder preiswert an, denen HD noch wenig entgegenzusetzen hatte.

Ihre lange überlegene Zuverlässigkeit und Technik, die vielen Rennerfolge, ihr stets königliches Image bescherten den Harleys im Ausland einen hervorragenden Ruf, kenntnisreiche Biker entschieden sich gern für sie. Zwischen den Kriegen setzte das Werk einen wichtigen Teil seiner Fertigung dort ab. Die Konstrukteure der deutschen, britischen und italienischen Konkurrenz schliefen nicht und boten schon in den dreißiger Jahren mehr und mehr hervorragende, technisch innovative Produkte an. Nach dem Krieg waren die Harleys qualitativ oder vom Ruf bestimmt nicht schlechter, aber ihre Exportsituation hatte sich grundlegend verschlechtert.

Europa und Asien waren weitgehend zerstört. Die ersten Jahre sollte man da andere Sorgen haben. Wer trotzdem an schöne Motorräder dachte, war durch die allgemein hohen Einfuhrzölle gezwungen, sich für heimische Geräte zu entscheiden. Nicht zuletzt mit Marshallplan-Hilfe hatte speziell England seine teils zerbombte Bike-Industrie wieder hochgezogen und zumindest im Herstellungsprozeß wesentlich erneuert. In Deutschland erstanden die zerstörten Werke und großen Servicenetze von NSU und BMW wieder, die es mit ihren modernen, preiswerten Maschinen den oft schmalspurigen Importeuren noch schwerer machten.

Länder, die vorher hohe Exporte garantierten, wie Polen oder die Tschechoslowakei, waren auf einmal vom Weltmarkt isoliert. Manche früher guten Absatzgebiete wie Holländisch-Ostindien, ohne die Holländer Indonesien, Indien, Burma

Auf dem Tisch in Pohlmann's Fotostudio. Trotz des labilen Gleichgewichts freuen sich die Beiden. Mir schwant, warum Fotomodell-Profis gut Geld verdienen. Die erste OHV Panhead Generation kam 1948 wie ihre Vorgängerin in einer 61 cu.in. und einer 74 cu.in. Version. Die Springergabel erlebte 1948 ihr letztes Jahr.

Um die Springergabel gegen die telegablige Konkurrenz etwas besser ausschauen zu lassen, erhielten die späten Knuckles und die frühen Pans solche Öldämpfer.

Der erste Panhead-Motor mit Hydraulik-Stößelstangen, die damals mit den Stößeln verbunden waren, die Ölzufuhr erfolgte über die Kipphebel. Manche damit unzufriedene Fahrer schweißten sich das starr.

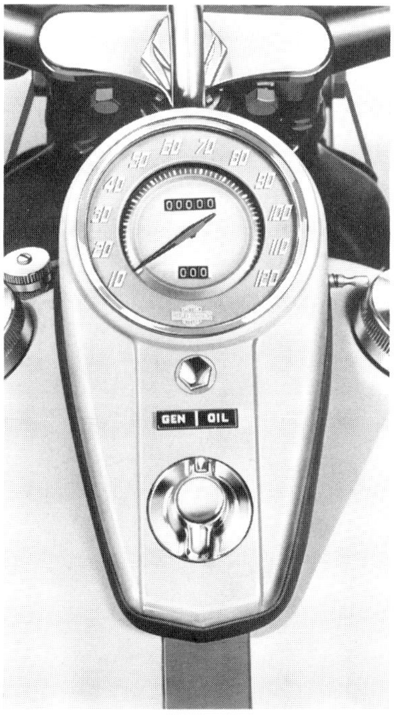

Der 1948er Tacho steht noch auf null Meilen. Die nächsten 17 Jahre bis 1965 sollten unendliche folgen.

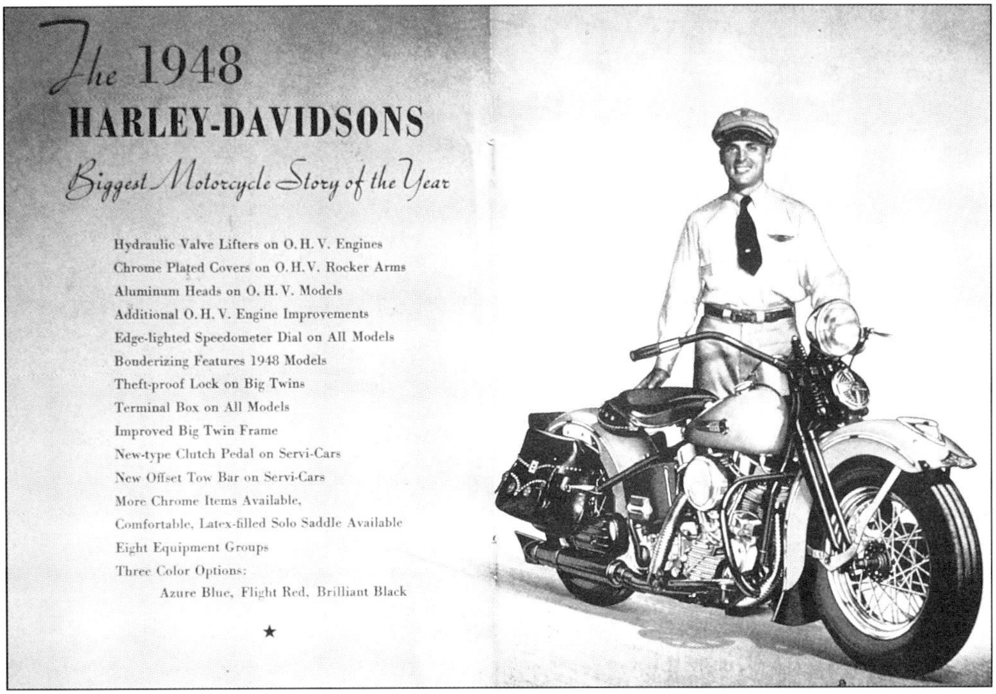

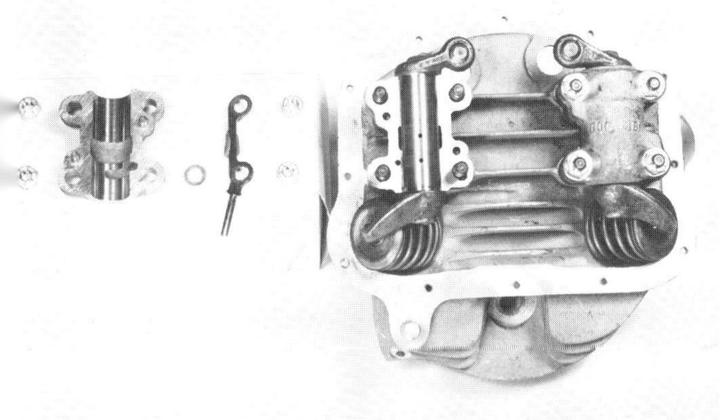

Der hintere Zylinderkopf der Panhead, der Einlaßrockerarm ist zerlegt, das kleine Führungsröhrchen bringt Ölnebel auf das Einlaßventil.

Als Harley-Davidson den Big Twins ab 1949 eine Telegabel mitgab, nannte das Werk seitdem sein Spitzenmodell Hydra Glide. Ähnlich hübsch taufte auch Detroit seine Autos, z. B. Dyna-Glide. Milwaukee hielt seitdem daran fest, seinen Motorrädern einen typischen, kennzeichnenden Vornamen zu geben, an den meist der Familienname Glide gehängt wurde.

und Malaysia wollten als ehemalige Kolonien endlich das eigene Wirtschaftssystem ihrer jungen Staaten entwickeln und hielten sich deswegen Importe vom Hals. Darum bauten sie nur von finanziellen Hochspringern überwindbare Zollmauern.

Selbst die in- und ausländischen Polizeibehörden, sonst ein sicheres Standbein des Werkes wie der Händler, schafften zunehmend Autos und weniger Motorräder an. Zehntausende der vom Militär abgerüsteten robusten WLA-Militärmaschinen wurden zu Spottpreisen auf den verstopften Markt geworfen. An und für sich gute Absatzgebiete wie die Niederlande waren deswegen mindestens ein gutes Jahrzehnt blockiert.

Wo sollte da gute Stimmung herkommen? Der für seinen ruhigen Optimismus bekannte Firmen-Präsident William H. Davidson motivierte seine Gefolgschaft dennoch. Für die mehrtägigen Händlerkonferenzen wurde meist ein großes Hotel in Milwaukee gemietet, in dem die Händler günstig unterkommen konnten. Im geschmückten, großen Sitzungsraum gab William H. Davidson seinen Bericht über das laufende Geschäftsjahr, gefolgt von Kritiken, Einsichten und Ausblicken seiner Vizepräsidenten, dann rief man zur Diskussion auf.

Irgendwann im geselligen Rahmen wurden bei Musikuntermalung die Vorhänge der Bühne aufgezogen und die angestrahlten Modelle des kommenden Jahres vorgestellt. Nach Erläuterungen, Aahs und Oohs, Diskussionen und Geklatsche wandelte man in den Nischen oder Nebenräumen umher, wo das aktuelle Zubehör und Beiprogramm ausgebreitet war. Frühe Bestellungen wurden mit guten Konditionen belohnt. Auf daß man sich näher kam und den Harley-Davidson »Esprit de Corps« vertiefe, waren Ausflüge, kulturelle Erlebnisse, Werksbesichtigung, Essen und Tanzabende organisiert.

Die Harley-Händler bei der Stange zu halten war so schwer nicht. Sie wußten, daß Harley-Davidson eifersüchtig keinen anderen Gott neben sich in ihren Verkaufsräumen duldete, andererseits waren sie mit ihren Margen meist besser daran als ihre angelsächsischen oder indianischen

Harley-Davidson war und ist in Milwaukee ein wichtiger wirtschaftlicher und sozialer Faktor. Man wird die Stadtoberen nicht lange haben bitten müssen, den Turm der City Hall, des Rathauses, für die zum jährlichen Händlertreff 1951 eintreffenden Händler zu schmücken. Mitte der Fünfziger überstrahlte der HD-Willkommensgruß auch nachts die Stadt, als man in die weißen Tafeln hunderte Glühbirnen einsetzte.

Kollegen. Doch auch HD verschenkte nichts, die Dollarbündel rutschten ihnen nicht von allein in die Taschen.

Was ihnen das Management in Milwaukee während der Nachriegs- und Panhead-Ära zum Verhökern gab, sah so aus:

Die 61 und 74 cu.in. des Big Twin, bis 1948 als Knucklehead, seitdem als Panhead, wobei die 61er oder 1000-ccm-Ausführung nach 17 Jahren ab Anfang 1954 ersatzlos gestrichen wurde. Versicherungs- und steuermäßig war allgemein kein Unterschied, die 74er sowieso populärer. Warum sollte man sich also nicht die in zwei Motoren gesplittete Herstellung etwas vereinfachen, die für beide Modelle dasselbe kostete, wobei bei der 1000er weniger zu verdienen war.

In ihrem zweiten Jahr – 1949 – erhielt die Pan ihre hydraulische Vordergabel und wurde seitdem Hydra-Glide genannt. Ab 1953 wurden die vorher direkt auf die Rockerarme wirkenden hydraulischen Tappets unter den Stößeln positioniert. 1958 verlor sie mit den hinteren Dämpfern ihren Namen Hydra-Glide, so wie ihre Fahrer auf der neuen Duo-Glide die letzte Angst vor Bahnübergängen. 1965, im letzten Pan-Jahr, erleichterte sie denen das Leben, die sich nicht richtig in den HD-Kickstarter fallen oder rutschen lassen konnten – dank E-Starter und 12-Volt-Anlage.

Die Big Twin war das Flaggschiff des Werkes und schaffte dank ihrer guten Handelsspanne meist anständige Summen auf die Händlerkonten. Ihre Kunden rüsteten ihre Reise-Pans gerne aus dem dicken und profitablen HD-Zubehörkatalog auf. Jeder Händler versuchte, am Ort nicht nur einen Harley-, sondern auch einen Full-Dresser-Club zu sponsern, um ihn wachsen und gedeihen zu sehen.

Das Servicar GE 750 mit dem kleinen Seitenventilmotor war ein sich meist ruhig aber gleichmäßig, oft nicht sonderlich aufregend verkaufendes Nutzgerät mit demselben Motor, die 45 cu.in WL bis 1952, die vom neuen Modell K mit ebenfalls 750 ccm abgelöst wurde, das dann bald 1954 vom Model KH mit 55 cu.in. ersetzt wurde. Diese Mittelklassen-Solos gingen manchmal hübsch weg, aber erst 1957 folgte die Erlösung von vielen Geldsorgen, die 883-ccm-Sportster.

Um den voll an die Europäer gehenden Klein-Motorräder-Markt zu beschicken, baute HD die kleine DKW RT nach und schickte die putzige 125-ccm-Zweitakter ab 1947 hinaus ins Land. Mit einer Telegabel erhielt sie 1951 auch einen Namen: Teleglide, ein Jahr später, mit 165 ccm, mehr Hubraum und Durchzug. Die Zweitakter waren bei ihrer speziellen Kundschaft durchaus beliebt, ihr Preis und ihre Händlerspanne mußten aber sehr niedrig kalkuliert werden.

May, 1957 21

HARLEY-DAVIDSON OFFICERS ADVANCED

DIRECTORS of the Harley-Davidson Motor Company advanced three officers in a recent meeting. William H. Davidson, president, announced the following changes in the company's top management:

William J. Harley was advanced to vice president, engineering; Walter C. Davidson advances to vice president, sales; and Otto P. Resech becomes the secretary and treasurer of the company.

Harley is a son of William S. Harley, one of the original founders of the company. A graduate in mechanical engineering at the University of Wisconsin, Harley joined the firm in 1934, became a director in 1937 and treasurer in 1943. He is a member of the Society of Automotive Engineers.

Davidson is also a son of an original founder, Walter Davidson. He joined the firm in 1936, became a director in 1943 and secretary in 1951.

Joining the firm as an accountant in 1934, Resech became assistant secretary in 1950 and a director in 1952. He is a member of the National Office Managers Association.

Gordon M. Davidson continues as vice president, manufacturing; and J. J. Balsom continues as the company's controller.

W. J. HARLEY

W. C. DAVIDSON

O. P. RESECH

Spexarth Promoted to Chief Engineer

William J. Harley, vice president, engineering, has announced the promotion of Chris Spexarth to the position of chief engineer.

Chris is an honor graduate of Marquette University, receiving his degree in mechanical engineering in 1931. He came directly to Harley-Davidson, became a designer in 1933, chief designer in 1937 and assistant engineer in 1943. He is also a member of the Society of Automotive Engineers.

C. SPEXARTH

1906
1904
1953

Links oben: Bei der Produktion im alten Werk in der Juneau-Avenue wurden die Karren von Arbeitsgang zu Arbeitsgang geschoben, zwischendurch gab's Staus. Weil unterschiedliche Modelle gleichzeitig produziert wurden, mußten die Taktarbeiter große Teile-Vorräte halten.

Rechts: Nicht zuletzt darum war eine gewaltige Lagerhaltung nötig. Aber auch das hervorragende Ersatzteilwesen stopfte die Hallen bis unters Dach und erforderte viele Durchblicker.

Links unten: Für jedes der fünfzig Jahre in Milwaukee ein Motorrad. Jedes Jahr wurde die Sammlung um eins der aktuellen Modelle erweitert und war bis in die späten Sechziger Jahre der Höhepunkt einer Werksbesichtigung in Milwaukee.

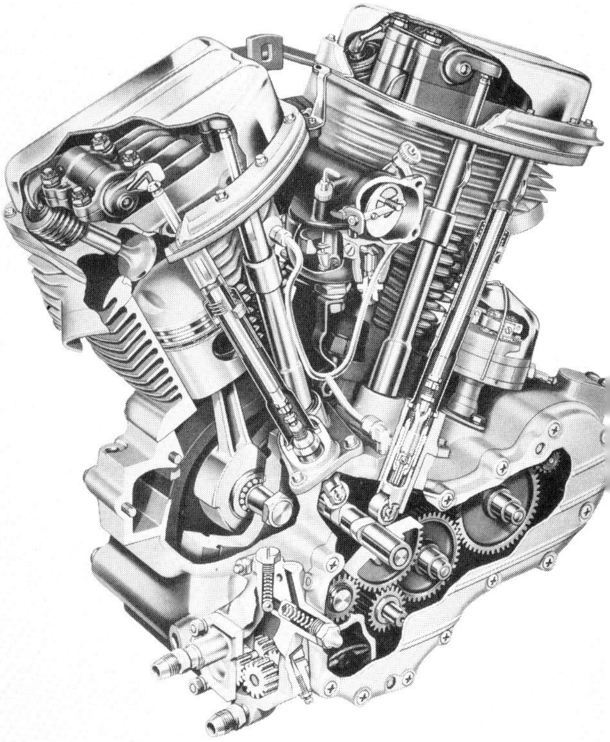

Links: Landpartie, ich würde sagen 1950 oder 1951

Unten, links außen: Zufriedene Mienen danken es Ihnen – die hier um ein Funktionsmodell des Panhead-Motors Versammelten freuten sich augenscheinlich über dessen Optik und Technik. Beim Harley-Davidson-Händlertreffen in Milwaukee, 1952.

Daneben: Ab 1953 wurden die hydraulischen Tappets unter den Stößeln positioniert. Eines der schönen Details, die der mit Harley-Davidson motorisch angetriebene Teil der Menschheit mit dem Panhead-Motor geschenkt bekam (na ja, kaufen konnte) und was bis heute immer mal wieder von diversen anderen Firmen nacherfunden wird. Ab 1953 gab es nur noch den 74 cu.in. OHV Bigtwin. Das 61 cu.in. Modell wurde nach 17 Jahren in Knuckle- oder Panhead-Ausführung eingestellt.

Jubiläumsmedaille von 1954

Tankemblem von 1957/58

Oben: Sechs Jahre nach Einführung der Hinterradfederung beim K-Modell erhielt die Bigtwin ab 1958 ebenfalls eine gefederte Schwinge und wurde seitdem Duo Glide getauft. Mit Risers und dem vierteiligen Lampenblech aus Edelstahl.

Ihr Straightleg-Rahmen mit Rundschwinge sowie Rahmenknick unterm Sitz, wobei der im Rahmenrohr gefederte Sattel beibehalten wurde.

Was wohl aus diesem Pärchen und vor allem aus ihrer 1960er Duo Glide geworden ist? Die neu modellierte Lampe jedenfalls schaut ihnen ganz ungeniert zu.

Basisversion der Duo Glide von 1962.

Das reichte dem Besitzer der hier abgestellten Glide nicht, er kaufte zu. In dem gezeigten Zustand wurde ihm das Geld knapp, sonst hätte er auf den hinteren Kotflügel seiner 1962er Full Dresser Duo Glide bestimmt noch einen Gepäckträger draufgesetzt. Sonst ging ja nicht mehr viel dran.

Die beiden vom Spaziergang Zurückgekehrten sind noch jung, wird schon noch werden. Erst einmal werden sie einen schönen Fahrtag genießen.

Panhead von 1964 mit Außenöler-Köpfen und Doppelkontakt-Zündung.

Polizeimaschine von 1964 auf Bigtwin-Panhead-Basis. Die Polizeifahrzeuge besaßen im Vergleich zur Großserie eine niedrigere Verdichtung, zusätzliche Instrumente, Außenöler.

AGAIN—OUT FRONT—FOREMOST AND FIRST . . .
Harley-Davidson—top performer in 1956 racing!
3RD CONSECUTIVE YEAR
LEADER "GRAND NATIONAL CHAMPION" POINT STANDINGS
JOE LEONARD, FIRST; BRAD ANDRES, SECOND; EVERETT BRASHEAR, FOURTH (tie); CHARLIE WEST, FIFTH (tie); BARRY BEBB, SIXTH.
Once again, Harley-Davidson is out front in the Grand National Champion point standings . . . leading all other makes combined by over 30 points . . . winning all track Nationals, plus the Jack Pine, and all racing Classics! Here's a record that's tough to equal . . . set by the brand that's tough to beat!
These tremendous victories, in all types of competition, are your guarantee that you ride the finest when you ride Harley-Davidson . . . finest in performance, stamina and handling ease — with dynamic power to keep you foremost and first, always!
Take a tip from America's top performing road and track stars — ride Harley-Davidson in '57. Stop in soon for a test-ride-thrill at your Harley-Davidson dealer. Look ahead — be ahead in 1957.
3RD CONSECUTIVE YEAR
LEADER IN 1956 NATIONAL CHAMPIONSHIP PARADE
10-MILE NATIONAL ½-mile track — Everett Brashear, Columbus, Ohio, June 10. Time: 9 minutes, 40.10 seconds.
100-MILE NATIONAL 1-mile road course — Brad Andres, Laconia, N.H., June 17. Time: 1 hour, 43 minutes, 5.36 seconds.
20-MILE NATIONAL 1-mile track — Joe Leonard, Bay Meadows, Calif., August 26. Time: 17 minutes, 2.62 seconds.
500-MILE NATIONAL Jack Pine Endurance Run — Leroy Winters, Lansing, Mich., September 2-3. 953 points.
45" TT NATIONAL ½-mile course — Brad Andres, Peoria, Ill., September 9. Time: 7 minutes, 19.70 seconds.
80" TT NATIONAL ½-mile course — Joe Leonard, Peoria, Ill., September 9. Time: 7 minutes, 16.80 seconds.
LEADER IN AMERICA'S 1956 "CLASSIC RACES"
200-MILE CLASSIC Beach-Road Race — John Gibson, Daytona Beach, Fla., March 11. Time: 2 hours, 6 minutes, 21.51 seconds.
50-MILE CLASSIC ¾-mile road course — Brad Andres, Altoona, Pa., July 22. Time: 1 hour, 54 seconds.
5-MILE CLASSIC ½-mile track — Charlie West, Sturgis, S.D., August 12. Time: 3 minutes, 03.9 seconds.
25-MILE CLASSIC 1-mile track — Everett Brashear, Springfield, Ill., August 20. Time: 17 minutes, 34.90 seconds.
5-MILE, 12 STAR CLASSIC ½-mile track — Carroll Resweber, St. Paul, Minn., September 1. Time: 4 minutes, 35.63 seconds.
100-MILE CLASSIC 1-mile speedway — Everett Brashear, Langhorne, Pa., September 3. Time: 1 hour, 9 minutes, 30.87 seconds.
100-MILE GRAND PRIX CLASSIC 1½-mile road course — Bill Meier, Dodge City, Kan., September 3. Time: 1 hour, 26 minutes, 35.56 seconds.
HARLEY-DAVIDSON MOTOR CO.,
Milwaukee 1, Wisconsin
Bill Meier
Charlie West
Barry Bebb
Carroll Resweber
John Gibson
Brad Andres
Joe Leonard
Everett Brashear
Leroy Winters

Krönung des Seitenventilers – die schnelle KR

Nach 37 Jahren bei Harley-Davidson, erst als Ottoways Vertreter, dann als Rennleiter, trat Hank Syvertsen 1957 in den Ruhestand. Er wurde durch Dick O'Brien ersetzt, der die HD-Rennabteilung von 1957 bis 1983, manchmal angeblich tyrannisch, aber meist erfolgreich, führte.

Nach dem Krieg fuhren die Norton, Triumph und BSA hervorragende Siege und Plazierungen in verschiedenen Disziplinen heraus. Insgesamt sammelte als einzelne Marke nach wie vor Harley-Davidson mehr Pokale, Trophäen und Siegerkränze. Was das Werk auch nie geheim hielt, im Gegenteil. Das mögen die auf dem US-Markt – mehr als auf allen anderen Märkten zusammengenommen – bombig absetzenden britischen Firmen nicht sehr gemocht haben. Sie jammerten über das all die Jahrzehnte gültige Class-C-Statut immer lautstärker.

In ihren Firmenpublikationen, der an ihren Anzeigen interessierten Presse, ihrer Werbung sowie im von ihnen zunehmend beeinflußten Gesamtverband AMA prangerten die Importeure die vermeintliche Unfairneß an. Die AMA sei von Harley-Davidson dominiert und verhindere durch die forcierte Regel einen längst fälligen sportlichen Untergang. Sie rechneten gerne vor, wieviel mehr Erfolge sie hätten unter »regulären Verhältnissen« erzielen können und brachten ihre schärfste Konkurrenz in den USA in den schlechten Ruch, zu lahm zu sein. Die Briten erlangten bei vielen Motorradfahrern absatzfördernde Sympathien und verstärkten schließlich ihren Einfluß innerhalb der AMA.

Heute, mit vielen Jahren Abstand, wirkt diese Kampagne fadenscheinig und hinterlistig. Zum einen mag die SV/OHV-Regelung durchaus gerechtfertigt scheinen. Etliche 500er brachten unter den Händen sorgfältiger Tuner höhere PS-Zahlen als die SV-Harleys. Zudem waren sie deutlich leichter. Es war schon 1968 bekannt, daß die Briten bei der Pflege und Entwicklung ihrer 500-ccm-OHV-Motoren nicht entfernt soviel Zeit, Aufwand und Geld aufwendeten wie ihre amerikanischen Gegner. Sie nutzten ihre konstruktiven Möglichkeiten nie so aus wie die fleißige HD-Rennabteilung, die von Jahr zu Jahr mit Ehrgeiz, Engagement und Hirnschmalz an ihren Seitenventilern arbeitete. Die HD-SV-Renner waren deswegen schneller, weil man in Milwaukee bereit war, die Mühe aufzubringen, sie schneller zu halten.

Akzeptiert man aber die Prämisse, daß den englischen Firmen wegen dieser Hubraumzuteilung von vornherein die Ausentwicklung ihrer OHV-Motoren unzumutbar gewesen wäre, bleibt um so mehr eine Frage offen. Mehrere britische Marken hatten vorher Seitenventiler im Programm gehabt. Warum in drei Teufels Namen haben die lange den US- wie Weltmarkt dominierenden, dabei reichlich Gewinn einfahrenden Briten für ihr weitaus wichtigstes Absatzgebiet denn keine eigenen 750-ccm-Seitenventil-Renner entwickelt?

Ende 1968 war es soweit, unter dem Druck der britischen Importeure veränderte die AMA schon für 1969 weitgehend die Regeln der diversen Grand National Championships. Für die Dirttracker wurden z. B. Hinterradbremsen zugelassen. Als dramatischste Änderung galt, daß den Seitenventil-Rennmaschinen kein Hubraumvorsprung mehr gegen die bauartbedingt prinzipiell leistungsfähigeren kopfgesteuerten Motoren zugestanden wurde. Weiter setzten sie durch, daß die Renner von den marktüblichen Motorrädern abstammen und wenigstens in einer Kleinserie von mindestens 200 Stück verkauft sein müßten.

Im Klartext hieß das, daß sie Konstruktionsarbeit einsparen wollten. So hatten ihre abgefeierten neuen Dreizylinder von vornherein einen Wettbewerbsvorteil. Beim sehr hurtigen Wechsel auf die neuen Statuten – im November 68 wurden sie angekündigt, ab Januar 69 galten sie, spätestens ab März ging die Saison richtig los – rechneten die Importeure mit Superverkäufen der Dreizylinder als Productionracer-Basis für die zahllosen Privatfahrer. Die mußten nun von ihren augenscheinlich schwächeren Produktions-KRs auf die vorgeblich überlegenen Engländer umsteigen. Weiter würden von den zukünftig zu verkaufenden 200 Harley-Werks-Rennmaschinen sicher etliche bei der Konkurrenz landen, die so mit dem HD-Racing Department preiswert deren aktuellen Wissensstand sowie ihre bahnbrechenden SV-Erkenntnisse und was immer danach kam, teilen könnte.

O'Brien war von dieser Entwicklung überrascht und hatte erst einmal keinen Trumpf im Ärmel. Der sonst von ihm nicht sonderlich beachtete 883-ccm-XLR-Produktionsrenner mit getuntem Sportster-Motor mußte schnell als Basis für die neue Rennmaschinen-Generation dienen. Wegen des 750-ccm-Limits wurde er im Hub reduziert. Die Zeit war zu knapp, er leistete erst mal kaum mehr als die ausgereiften SV-Racer und war dabei empfindlicher.

Beim großen Saisonauftaktrennen, den 200 Meilen um den langen Kurs von Daytona, traten die BSA, Norton und Triumph nun mit ihren 750er-OHV-Maschinen an. Einige Piloten des HD-Rennteams starteten wieder mit den damals über 60 PS abgebenden KRTTs. Für Presse, Publikum, Wettbüros wie Konkurrenz hatten die britischen Triples, Twins oder die japanischen 500er, ja, selbst die 350-ccm-Zweitakter schon vorher gewonnen. Das erste Motorrad, das das Ziel erreichte, war allerdings Cal Rayborns KRTT. Und das mit sagenhaften anderthalb Runden Vorsprung. Ein besserer Kommentar konnte zu den ewigen SV-OHV-Querelen kaum gegeben werden. Welch ein würdiger Abgang für Harley-Davidsons letzte seitenventilige Rennmaschine!

Im nächsten Jahr meldete Honda of America Rennversionen seiner 750er-Vierzylinder an; Yamaha, Kawasaki und Suzuki starteten mit überarbeiteten Zweitakt-Raketen. Die Ära der klassischen HD-Straßenrenner neigte sich ihrem Ende zu. Erst die italienische HD-Aermacchi-Filiale würde noch einmal für eine Weile die japanische Konkurrenz mit ihren Zweitaktern vom Siegertreppchen stoßen. Die Epoche der britischen Motorräder ging nun jedoch zu Ende.

Als Nachfolgerin der WR-Modelle stieg 1952 die KR-Reihe in den Class-C-Ring. Die KR-Renner waren von den neuen K-Modellen abgeleitet, sie besaßen ebenfalls die Getriebe-Motor-Einheit, Viergang-Fußschaltung, 45 cu.in. Hubraum, vordere Telegabel. Obwohl sie bald Rennen gewannen, galten sie anfänglich als etwas lahmer als die WRs.

Unter den KRs war die KRTT die Straßenrennversion und fast immer mit dem gefederten Rahmenhinterteil sowie der großen Vorderbremse ausgestattet. Im Vergleich zur Dirttrack-KR ist gut erkennbar, daß der hinten gefederte Schwingen-Rahmenteil abschraubbar und mit einem starren Hinterteil austauschbar war.

Die KRM von 1954, gedacht für die in Kalifornien populären Langstrecken-Wüstenrennen, bei denen sich die britischen Marken nach Milwaukee's Geschmack etwas zu aufdringlich in Szene setzten. Die KRM war aber mit gut 20 Kilo mehr Gewicht als die Konkurrenz weder ein großer Sport- noch Verkaufserfolg.

KR von 1955.

Carroll Resweber im September 1959. Nur noch Jay Springsteen sollte viel später ähnlich wie er den Sport dominieren. 1958, 59, 60, 61 war er jeweils mit deutlichem Abstand Meister. 1962 Vize hinter dem aufstrebenden Markel. Heute lebt Resweber als Tuner und Manager eines der gesponserten XR-Teams für die Camel Pro Rennserie.

»Bad« Bart Markel aus Flint, Michigan, zählte lange zur nationalen Spitzenklasse und erlangte 1962, 1965 und 1966 den hart umkämpften Titel des Grand National Champions.

Die Straßenrennmaschine KRTT von 1966.

Ob Bart Markel aus diesem unglaublichen Broadslide wieder hochkam, ist nicht überliefert. Solch extremem Stil hat er wohl den gehörigen Abstand zu verdanken, der seine Verfolger noch nicht mal im Bild auftauchen läßt.

Szenenfoto aus »On Any Sunday«, dem Motorrad-Rennfilm von 1972.

Get the Best
BUY AMERICAN

»It was thirty years ago today,
when Bill Harley jr. told the KH to play,
the Sportster may have gone in and out of style,
but it still guarentes to raise a smile«

Die Sportster: der Harley-Hammer

Zugegeben, nicht der denkbar beste Kapiteleinstieg. Ja, aber wo und wie soll man bei der Sportster anfangen, dem »anderen« V2-Klassiker aus Milwaukee? Also, sie war Blut vom Blute des von 1954 bis dato gebauten KH-Modells, welches wiederum Fleisch vom Fleische des seit 1952 ausgelieferten K-Modells war. Die von William J. Harley (dem Sohn des ersten HD-Chefkonstrukteurs) geleitete Konstruktionsabteilung machte aus der KH-Basis genau das, worüber ich schon im Anfangstext des Knucklehead-Teils spekuliert hatte, wieweit HD sowas schon beim alten Flathead probiert hat. Sie nahmen nämlich einem Seitenventiler die Ventile, gaben ihm dafür Stößelstangen, und weil der Motor damit nicht wieder laufen wollte, ließen sie den alten Zylinderkopfdeckel weg und setzten einen neuen mit Ventilmechanismus drauf.

Und das funktionierte nicht nur, sondern machte aus der sich müde verkaufenden KH den Bestseller der folgenden Jahre, den Traum jedes amerikanischen und auch nichtamerikanischen Bubis: die strotzende, brutale, die alles andere auf zwei und fast alles auf vier Rädern hinter sich lassende Sportster. Die Sportster war 1957 genau die richtige Antwort an die britischen Firmen. Kein Motor aus Albion konnte mit ihr mithalten, trotzdem blieb sie mit 55 cu.in. oder 883-ccm unter der empfindlichen amerikanischen Versicherungsgrenze von 900 ccm, die gerade noch und viel zu teuer trennt.

Zugegebenermaßen glitzerte die XL-gekürzelte in ihrer Klotzigkeit nicht mit den Fahrwerk-Raffinements der Norton oder Triumph. Fuhr man auf einem kurvenreichen Kurs um die Wette, konnten die Briten in den Biegen vielleicht etwas Boden gutmachen, doch sobald die Strecke frei war, war man auch die lästigen Konkurrenten los. Die Sportster war an Beschleunigung, Durchzug und Endgeschwindigkeit einfach unerreichbar.

Ein ganzes Jahr lang. Dann wurde die ab 1958 XLH getaufte naßgemacht von einer schnelleren Sportster, der XLCH. Das war eine abgemagerte Wettbewerbsversion, an die viele Speedfreaks sich eine Lampe ranschraubten und damit auf den öffentlichen Straßen nicht nur die Briten, sondern auch die XLHs verbliesen. Das merkte man auch in Milwaukee; ab 1959 wurde die XLCH schon werksseitig straßenlegal ausgeliefert. Wieder ein Baujahr später wurden die High Pipes durch Low Dual-Staggered Pipes ersetzt.

Die XLH hatte den größeren Tank, Batteriezündung, war etwas weicher abgestimmt. 1965 bekam sie statt des 6- ein 12-Volt-System, 1967 einen Elektro-Starter. Die XLCH besaß den kleinen Peanut-Tank, Magnetzündung, die 1969 durch eine Batteriezündung ersetzt wurde. Charakterlich war die XLCH rauh; aber herzlich war ihre Schwester XLH ebenfalls nicht. Trotzdem koexistierten sie lange friedlich, wobei die XLCH sich stets besser als die XLH verkaufte. Ende der Sechziger kamen die britischen Bikes leistungsmäßig an sie ran. Doch die japanischen Honda-Vierzylinder oder die Kawasaki-Zweitakt-Dreizylinder ließen sie gar hinter sich.

Same Procedure ev'ry Day: In das neu montierte Motorrad werden Sprit und Öl geschüttet, dann kommt es auf den Rollenstand, die Funktionen und Gänge werden durchgetestet. Besteht die Neue ihre Harley-Davidson-Reifeprüfung, kann sie hinaus ins richtige Leben, sonst erhält sie Nachhilfestunden, um wieder zur Prüfung zugelassen zu werden. Bild noch in Milwaukee, heute in York sieht's nicht viel anders aus.

Durch allgemein gestiegene Kaufkraft, ein aktiveres Bewußtsein von Freizeit, ein durch die hervorragende Werbung der Japaner, besonders von Honda, gewecktes Interesse an sauberen Mittelklasse-Mühlen explodierte der Motorrad-Markt. Harley bekam etwas ab davon, aber den gewaltigen Bärenanteil zogen die Japaner an Land.

AMF übernahm das letzte US-Motorradwerk 1969. Die AMF Marketing-Experten hatten auf einmal in Milwaukee ein Mitspracherecht. Das erste von ihnen mitgesteuerte Jahr – 1970 – brachte der Sportster den langen Plastikbürzel, den »Boattail«. Weil sich nun jedes Motorrad besser verkaufte als vorher, bürzelte man im neuen Jahr 71 auch die neue Super Glide, die Mischung aus Big Twin und Sportster. Aber irgendwie scheinen sie doch was gemerkt zu haben und ließen deshalb ab 1972 bei beiden den peinlichen Plastik-After fort.

Für 1972 vergrößerten die HD-Ingenieure die Zylinderbohrung der Elektro- wie auch der Kikker-Sportster etwas, der Hub blieb der alte, so stieg der Hubraum von 883 auf knapp 1000 ccm. Damit man auch optisch etwas davon hat, tauchten sie viele Komponenten des Sportstermotors in schwarzen Lack. Statt dem Tillotson- verwendeten sie nun den schmalen kniefreundlicheren Bendix-Vergaser, der auch für eine insgesamt rundere Spritversorgung sorgte.

Dann machten sie neuheitenmäßig eine ganze Weile Sendepause. Bis 1977, da brachte das Werk als XLCR ein gemein schnelles Experiment aus Willie G. Davidsons Privatwerkstatt groß heraus, mit dem der, wenn ihn der Hafer stach, immer mal wieder auf Wisconsins öffentlichen Straßen den Riceburnern – Engländer gab's schon keine mehr – zeigte, was eine Harley-Harke ist. Die von ihm ausgecheckten Rahmenverbesserungen gingen in Serie, der Motor des serienmäßigen Café-Racer (XLCR) war aber um einiges zivilisierter eingestellt als Willies eigene

Kaffee-Rakete. Trotzdem war es die schnellste Sportster-Version bis dahin, und mit ihr konnte man im Leistungsvergleich wieder bei den schnellen großen Hunden mitpissen. Optisch machte die schwarzglänzende, miniverkleidete Boulevard-Schönheit schon was her. Im ersten Jahr wurden fast 2000 Stück verkauft, keine schlechte Zahl. 1978 waren es dann nur 1200, was kaum den Fertigungsaufwand lohnte. Wenn ich den Unterlagen glauben darf, wurden schließlich 1979 nur noch neun einsame Kaffeerenner-Kaufverträge unterschrieben.

Für die normale Sportster übernahm man ab 1979 den Rahmentyp der XLCR, was das Handling der XLH und der neu zugekommenen »Roadster« XLS verbesserte. Die Puristen störten sich am Anblick des »untypischen« Rahmens sowie an den »Siamese Twin Pipes«. Die Kickstarter-XLCH wurde in diesem Jahr aus dem Modell-Programm gekickt, weil sie eh noch kaum anders als die XLH war.

Nach dem Einbruch mit der XLCR, den Protesten gegen das Aussehen der 79er Sporty, freute man sich bei AMF nicht mehr über jede neue Idee von Willie G. Als er also den AMF-Oberen einen neuen 1000-ccm-High-Speed-Prototyp vorführte, der aus Teilen der XLH, aber besonders aus dem XR 750 Flat Track Racer bestand, mit viel Alu, zwei Vergasern, hochgezogenen Auspuffen, erschrak man. »Wat hatt er nu schon wieder?« Man bat ihn in freundlicheren Worten, sich mal an den Kopf zu fassen.

Die Trennung von AMF kam 1981, in der wieder eigenständigen Firma stieg Willies Einfluß auf die Politik des Hauses. Man wollte – und mußte – zum Überleben nun auch auf Marktnischen aus sein. Die XR 1000 war als teures Sondermodell für Liebhaber konzipiert und kam ab 1983 in jeweils limitierter Stückzahl auf den Markt. Nicht so schnell wie die richtige Wettbewerbs-Rennmaschine XR 750, auch nicht so schnell wie jeder Japaner. Aber auf keinem anderen Motorrad fühlt und hört man sich so schnell an.

Im Modelljahr 1983 rundete man das Sportster-Programm nach unten ab mit der XLX 61, einer wieder nur mit dem allernötigsten ausgestatteten Substanz-Sportster. Die verkaufte sich von Anfang an gut, sie war sehr preiswert – halt, wir reden von einer Harley-Davidson, also war sie nicht sehr, sondern relativ preiswert. Und dann gewann sie viele Freunde mit ihrer unverhüllten Bloßheit, die Erinnerungen an die ersten Sportster in den späten Fünfzigern wachruft.

Die lang ersehnte Nachfolge der biederen W-Reihe kam Mitte 1952, das K-Modell. Motor und Getriebe eine Einheit, Telegabel vorne, Schwinge hinten, Fußschaltung und Handkupplung. Dazu der gefällige 4-Gallonen-Tank und der federnde Solosattel. Nur, der neue 750-ccm-SV-Motor, mit ca. 30 PS bei knapp 190 Kilo Gesamtgewicht, ließ die K-Piloten immer noch manchen Engländern hinterhersinnieren. Er war zu lahm. Zum goldenen Jubiläumsjahr 1954 blies man ihn zum sonst baugleichen KH-Modell auf 883 ccm. Beibehalten wurde die Bohrung, der Hub erhöht, Ventile vergrößert, Kurbelwelle, Kupplung und Getriebe überarbeitet. Die KH war schneller, ließ aber noch manche Leistungswünsche offen.

Links unten: Anders schon die erste Sportster, XL 1957, die aus der KH entwickelte OHV-Version: Wieder mit 55 cu.in. Hubraum, der ursprünglichen Bohrung der K, 3.00 in. und einem auf 3.8125 in. gesenkten Hub. Was die Drehzahl lockerer stimmte. Die 7,5:1-Verdichtung war für einen OHVler bescheiden. Die Leichtmetall-Stößelstangen wurden von vier untenliegenden Nockenwellen angetrieben, wie bisher die Ventile. Die Stößel bewegten in den neuen Rockerboxen die Kipphebel für die hängenden Ventile. Brennräume waren halbkugelförmig, die domförmigen Kolben aus Leichtmetall-Legierung. Ein Jahr später erhöhte man die Verdichtung auf 9:1 und den Namenskürzel von XL auf XLH.

Oben: Runtergestrippte Sportster, im ersten Jahr 1958 XLC, dann XLCH gehießen, mit hochgelegten Auspuffen und 2,25-Gallonen Peanut-Tank wurden zusätzlich angeboten. Der Assistent Dick O'Briens im HD-Racing-Department, Clyde Denzer, zeigt auf einer XLCH 1961, daß diese Sportster-Version zu flotten Geländeausflügen taugte. Mit ihren Blockreifen ließen sich Landritte realisieren. Die sportivere Sportster erhielt mit Sitzbank, Beleuchtung, Tacho Straßenlegalität. Übrigens, das schmückende »H« am Öltank vieler Harleys stand für Highway-Use.

Das ist jetzt wirklich die XLA 1965, eine militärisch hochgerüstete, quasi »Full Dresser«-Sportster, das letzte Motorrad, das Harley-Davidson in nennenswerter Stückzahl ans Pentagon verkaufen konnte. In meinem ersten HD-Band ist uns zur XLA Bildunterschrift leider eine Zivilistin reingerutscht. Entschuldigung.

Und wieder eine Sportster losgeschlagen! Das hier von Willie G. praktizierte Shakehands, Schlüssel-Überreichen und Fotografen-Ansmilen fand im Rahmen einer Promotion statt. Ob die anderen Drei irgendwelche V.I.P.s sind, weiß ich nicht. Die XLH von 1979 übernahm im wesentlichen das neue Fahrwerk des im Farbteil abgebildeten Café-Racers, XLCR. Das war zwar gut zu fahren, aber mit dem Rahmendreieck und Siamesischen Auspuff, sah sie vielen potentiellen Käufern zu konventionell oder japanisch aus. Man mußte sie aus dem Programm nehmen.

Die Sporti, XLH von 1980, die letzte XL Ausführung mit dem, mit Gußteilen zusammengeschweißten Rahmen.

Roadster, 1000 ccm XLS, von 1982, die Tourenversion der Sportster war weicher abgestimmt und mit größerem Tank, dickerem Sattel, Speichenrädern, Rückenlehne, 2 inch längeren Gabelstandrohren, zusätzlichen Highway-Pegs ausgestattet. Der neue Rahmen war einfacher in der Fertigung, weil keine Gußstücke mehr eingeschweißt wurden, die Fahrwerksqualität stieg dabei eher.

XLX 61, 1983, zwar die billigste HD, aber bei einem Preis von DM 12 000.- fragten sich Kunden, warum die vielleicht 200.- DM für Soziussattel und hintere Fußrasten eingespart wurden. Um die an und für sich gefragte XLX leichter loszuwerden, schraubte das der Händler meist dran, obwohl seine Marge bei diesem Modell gering war. Details störten, z. B. das über der Lampe verlegte Tachokabel. Des hinteren Auspuffes Hitzeblech lag bei schlechter Montage am Deckel des Bremszylinders und scheuerte diesen manchmal durch.

Auch von links imponierte die XR 1000 von 1984. Die potenteste Straßen-Harley, der gemeine Bastard aus XL und XR 750 gilt als Basis-Maschine für die Battle of The Twins Straßenrennen. Die Auslässe zeigen wie beim XR-Dirttrack-Vorbild beide nach vorn, die zwei Dell'Orto Vergaser nach hinten, schöne Aluköpfe, schwere Gußzylinder. Ab ca. 180 km/h war sie schwer zu halten. Drum weiß ich z. Zt. keinen, der sie je ausgefahren hat. In der BRD gab's für sie keine ABE, sie mußte einzeln zugelassen werden.

Zur IFMA 1986 stand dies Mobil auf Sportster-Basis am HD-Stand. Reaktionen und Interessen des Publikums an einer derart gestylten XL-Variante sollten getestet werden. Den Auftrag vergab der Leiter der US-Exportorganisation Len Thompson an den deutschen Designer Hans Muth, der vorher mit seiner Suzuki-Katana auffiel. Darum kommt's einem bekannt vor. Als Vorgabe galt, hauptsächlich den Tank- und Sitzbankbereich umzugestalten. Mir persönlich gefallen die beiden Auspuffrohre. Gespannt bin ich, ob zur IFMA 1988 ein anderes germanisches Design-Monster, Luigi Colani, verfüg- und bezahlbar ist.

Ein neuer Sportverein

So, jetzt ziehen wir eine Ereigniskarte und machen ohne Umzublättern über die nächsten Kapitel einen geistigen Sprung. Über Marlon Brando und Easy Rider, die Japaner, den Shovelhead, das HD-Racing-Departement, AMF, Vaughn Beals und Willie G., Unternehmertum und Qualitätskontrollen zum Bigtwin-Evolution-Motor. Beim Evolution verweilen wir kurz und bemerken, daß diesmal der Bigtwin die Sportster zeugte und nicht wie lange vorher umgekehrt die Sporti den Shovel. Mit dieser Erkenntnis kehren wir zurück, ohne im Vorübergehen 4000.- Mark einzuziehen.

Ab Modelljahr 1986 erschien die neue Sportstergeneration mit einem nicht isolierten, direkt im Rahmen hängenden 55 cu.in. oder 883-ccm-Motor. Bald folgt der XL 883 die XLH mit 1100 ccm. Die XL hat 76,2 mm Bohrung, die XLH 85,1 mm, ihr Hub bleibt gemeinsam bei 96,8 mm. Die Verdichtung ist im Vergleich zur Vorgängerserie von 8,8 auf 9 gestiegen. Dank der qualitativen Veränderungen im Werk – über die weiter hinten berichtet wird – sind die mechanischen Geräusche des Motors zurückgegangen. Obwohl weiter vier Nockenwellen, vier Stößelstangen und fünf Gänge arbeiten. Eine V-Fire III getaufte Blackbox managt die Zündung wie beim Blockhead mit Unterdruckverstellung, kontaktlos und elektronisch. Beide Sportster besitzen das gleiche Fahrwerk. Die einsitzige Kleine lenkt sich mit einem kleinen Lenker, die doppelt gesattelte Große per Buckhorn. Die Kleine kann man für DM 700.- mit Doppelsitzbank, Soziusrasten, Metalliclackierung zur XL De Luxe aufwerten. Es bleibt dennoch ein optischer Unterschied: die schwarze Einfärbung der 1100er-Zylinder.

Wie alle HD-Rahmen wird der der Sportster zur Lackierung elektrostatisch positiv aufgeladen und zieht dann die in der Farbkammer

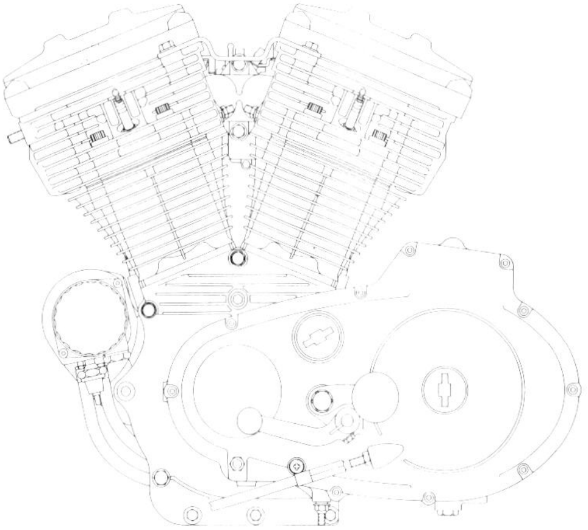

reichlich schwebenden negativen »Powder Coat«-Partikel an sich. Dieser Farbauftrag ist dick, hart und einer der Gründe, warum Harleys eine Mark mehr kosten. Trotz solcher Features wird die kleine Sporty als erste Harley seit langem für $ 3995.- wieder unter dem in den USA »magischen« 4000 $ Preislimit verkauft.

Die XL wird mit 46 PS bei 6000 U/min angegeben, ihr höchstes Drehmoment liegt mit 63 Newtonmeter bei 4000 U/min an. Die 1100er XLH hat mit 79 Nm bei 4000 Touren mehr Dschumm. 54 PS leistet sie in den Staaten, wir müssen wohl oder übel den Versicherungshaien fünf davon schenken, um in deren 50-PS-Klasse zu bleiben.

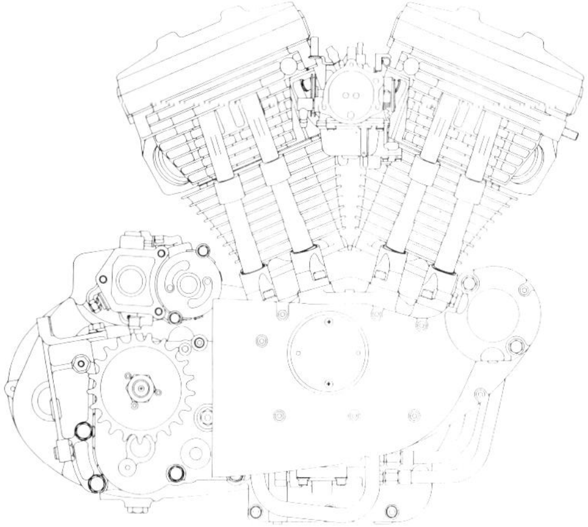

Evolution Sportster 883 ccm. Für den kompletten kleinen Sportster-Verein veränderte man ab Baujahr 1987 das Verfahren des Zylinderkopfgusses und die Brennraumform, die nun der der XR 750 gleicht. Kurbelwellen und Pleuellager erhalten mit Stahlkäfigen mehr Hitzewiderstand, das Getriebe stufte man enger, paßte die Zündkurve neu an.

Die deutlich besser ausgestattete XLH von von 1988 mit dem 1200-ccm-Motor.

Gegründet 1935 in Los Angeles als Drill Team, gab ein Mime dem McLaglen Motorcycle Corps seinen Namen und tingelte mit der Artistik-Truppe übers Land. Legendär ihr Wettbewerb in der L. A. Rose Bowl, 1936, vor 60 000 Zuschauern, gegen das auch auf HDs rollende Mexico City Police Stunt Team. Nach Stunden erstaunlichster Vorführungen gewannen die Amis knapp. Ihr jetziger Präsident ist Bestatter und läßt seine Truppe u. a. bei De Luxe Beerdigungsprozessionen Spalier fahren. Schade, daß die Leiche das nimmer erlebt.

FLH 74, Baujahr 1974 oder 75, mit Keihin-Vergaser, neuem Federsattel, noch dem kleinen Tour Pak und serienmäßiger Alarmanlage.

Die 61 cu.in. Sportster XL von 1976

FLH 80 mit King Tour Pak, Electra Glide Classic von 1979 an der Golden Gate Bridge. Ab Mitte 1980 gab's die FLHs nur noch mit größerem Motor und dem Toaster-Luftfilter. Die neue Sitzbank an der 79er war geräumiger und m. E. bequemer als der bisherige Federsattel, den man aber weiter bestellen konnte. Die verdamm langen Auspuffrohre setzten bei Bordsteinen auf.

In Monza 1973 waren die beiden Werkspiloten Renzo Pasolini und Walter Villa in eine tragische Startkarambolage verwickelt. Pasolini starb, Villa überlebte schwer verletzt. Auf Harley-Davidson-Aermacchi's fantastisch schnellen wassergekühlten Zweitaktern gewann Walter Villa die 250-ccm-Straßenrenn-Weltmeisterschaften 1974, 1975, 1976 und 1976 auch bei den 350ern. Das bewies, wieviel die italienischen Ingenieure drauf hatten und wie weit Motorradverständnis von Mutter- und Tochtergesellschaft auseinander waren.

Heut ein Sammlerstück, der aus Dragrace-, Sportster- und Boulevardkreuzer-Komponenten komponierte Café Racer, XLCR

Wegen den beiden Geräten habe ich mich immer auf die Pressevorstellung der neuen Harleys gefreut. Sowohl mit der Fat Bob (li.) als auch mit der Super Glide konnte man brettern wie Sau, aber auch jederzeit wieder auf Schlendrian umstellen. Ab Bj. 1979 gab's sie mit der 80 cu.in. Maschine, den 1200er-Motor noch als Option. Der Name Fat Bob entstammt der West Coast Custom Szene. War eine Harley aufs Nötigste gestrippt, war die gebobt, kam statt irgendeines Peanut-Tanks der »fette« zweiteilige HD-Standardtank wieder drauf, war's jetzt eine fette Gebobte, eine Fat Bob.

Jay Springsteen, der große Zampano, er gewann noch crossähnliche Hallen-TTs mit seiner XR 750, als sonst die Piloten der leichteren und höher drehenden japanischen Maschinen auf dem Siegertreppchen standen, 1979.

Sieben auf einen Streich, Harley-Davidson's Rennelite. Drei Grand National Champions, v. li.: Scott Parker, Randy Goss, Jay Springsteen, in der Mitte Tuner Brent Thomsen, vorne eine Alu XR, dann drei Harley-Davidson-Rennleiter: Bill Werner, der jetzige, Dick O'Brien, der das über zwanzig Jahre machte, sein Ex-Vize und Nachfolger in diesem Job, Clyde Denzer, Werner's Vorgänger.

Those were the days. L. A. Custom Show 1980, Shovel-Chopper im südkalifornischen Stil. Die Gabel war so lang, daß sie aufs nächste Dia mußte.

Mit der schönste Factory Chopper: die Wide Glide, FXWG, erstes Baujahr 1980, 1340 ccm, weite und verlängerte Gabel, lidfreie Sportster-Lampe, Risers mit Buckhorn Lenker, 21 Zoll Vorderrad, vorverlegte Fußhebel, geteilter Fünf-Gallonen-Tank im Flammen Design, Staggered Shorty Duals, gesteppte Bank, gekürzte hintere Dämpfung und typischer hinterer Kotflügel.

Die Tour Glide von 1980. Mit verbessertem Fahrwerk, in Silentblöcken gelagerter Antriebseinheit, Fünfganggetriebe, Ölbad-Sekundärkette, einteiligem Tank, Armaturen am Lenker, zweifellos das bessere Motorrad als die Electra Glide, aber auch die schönere Harley?

Die FXB Sturgis von 1982 mit Primär wie Sekundär Belt Drive. Der Riemen im Primärgehäuse plagte alle Jahre mit seiner umständlichen Ausbauerei, dazwischen aber hielt er schön sauber. Der Sekundärantrieb per Riemen hat sich inzwischen bei Harley weitgehend durchgesetzt.

Die Drachen von Berlin fahren aus. Die 100 000.- DM, die ihnen die Berliner Polizei 1987 wegen willkürlicher Beschlagnahme und Beschädigung ihrer Harleys zahlen mußte, machten Schlagzeilen. Franki (Mi.), Präsident des MC. Dragons, hofft, daß die Behörden mit den Motorrad-Clubs nun sachlicher umgehen. Der erstaunte Steuerzahler sicher auch.

Die Disc Glide, eine Wide Glide Variante von 84 mit hinterem Scheibenrad und Sekundär-Riemenantrieb, wurde so nie in der Bundesrepublik angeboten. Moderner Klassiker aus der Sammlung von Paul Watts, Vorsitzender des »Friedel Münch Club of America«.

Manchmal wünscht man sich, man hätt' mehr Ahnung im Hirn und mehr Teile im Koffer. Sommerurlaub 1986 mit unserem 80 cu.in. FLH Dresser, Bj. 1980.

Film und Wirklichkeit

Neben reifen Tourenfahrern, entspannten Genießern oder um Auffälligkeit bemühten Midlifern gehören zu Harley-Davidsons Stammpublikum die emotional geprägten »Harley-People« der Custom- und Chopper-Szene. Die, von denen sich manche ihren favorisierten Big Twin oder das »Bar and Shield« Markenzeichen unlöschbar in die Haut tätowieren lassen, was fast zum Biker-Lebensstil gehört und tiefe Verbundenheit mit der Herstellerfirma der ihnen so wichtigen, wuchtigen V2- Motorräder dokumentieren soll.

Bevor wir beurteilen, ob und wie das Werk dieses Liebeswerben annahm, sollten wir noch mal einen Ausflug ins Soziologische unternehmen und uns kurz in die Gefühlslage großer Teile der US-Bevölkerung eindenken. Wir erinnern uns, daß im Jahr 1987 ein aussichtsreicher Präsidentschaftskandidat zurücktreten mußte, weil er ein paarmal mit einer jungen, dazu hübschen, aber nicht mit ihm verheirateten Frau schlief. Man fragt sich, warum ihn *das* für das angestrebte Amt disqualifizierte?!

Da sind wir ja ganz andere Sachen gewöhnt. In manchen Bereichen scheinen die moralischen Raster in den USA also erheblich kleinkarierter als bei uns zu sein. Wer hätte das bei der sonst erlebten Freundlich- und Großzügigkeit unserer dortigen Freunde gedacht. Doch wer dumm genug ist, an einem amerikanischen Sonntagvormittag den Fernseher anzuschalten, erhält mehr als eine Ahnung aufputschender Stimmungsmache und fanatischer Besessenheit. Dem poltern zu der Zeit wahrhaft aus allen Kanälen die TV-Evangelisten entgegen. Wir wollen nicht begreifen, was das enthemmte »Djissäß-Kreißt-Auer-Lord« Geschrei und intolerante Gehabe fadenscheiniger Pharisäer mit der Nächstenliebe des Christentums gemein haben soll. Dennoch befriedigen zig Millionen Amis mit solcher Bigotterie philosophische wie emotionale Grundbedürfnisse und lassen sich damit in einer erschreckenden Unduldsamkeit verhärten.

An jeder Uni lernt man heute die handwerklichen Techniken der Medienpraxis. Die Verantwortung, moderne Meinungsbildung nicht zur Massenmanipulation verkommen zu lassen, wird nicht immer vermittelt – manchmal kennen sie die Lehrer nicht mal selber. Eine äußerst einflußreiche Fraktion der US-Bewußtseins-Industrie hält in der »Öffentlichen Meinung« extrem reaktionäre Ansichten wach – und beruft sich in ihren Kampagnen auf eben diese. Insgesamt sei es heute – trotz Auswüchsen – viel, viel besser als in den stickigen, angsterfüllten fünfziger, sechziger Jahren – ich sage nur McCarthy und Korea –, wo sich auch die Gerechtesten und Aufgeklärtesten keine noch so minimale Abweichung vom rechten »American Way« trauten. Unangepaßte provozierten allein mit ihrer Existenz. Zu der Zeit fingen die den Ton angebenden Medien an, den Taten, noch mehr allerdings den Untaten wilder Motorrad-Clubs überproportionale Beachtung zu widmen.

Diese Burschen sind und waren keine Chorknaben, und die unter ihnen, die Verbrechen begehen, gehören zum Wohl der Allgemeinheit vor Gericht gestellt. Nur ist es auch heute Quatsch, von der Zugehörigkeit zu einem Club mechanisch auf die Strafwürdigkeit seiner Mitglieder zu schließen. Damals aber gab's außer Saufereien, Pöbeleien und Reibereien mit Mitbürgern noch keine wirklichen Greueltaten des viel später erscheinenden harten kriminellen Outlaw-Typs. Leute, die die kalifornische Szene dieser Ära erlebten, sagen, daß Pionier-Clubs wie die Boozefighters oder die Galloping Gooses sehr wild und hart waren, aber mehr oder weniger nach innen. Ihr Trip war das gemeinsame Gruppenerlebnis gewesen. Zugegebenermaßen abseits akzeptierter bürgerlicher Normen, aber das schloß weder Prostitution, noch organisierten Drogenhandel oder Motorraddiebstahl ein. Man wird das Gefühl nicht los, daß die Medien in ihrer extremen Überpräsentation und exklusiv negativen Beleuchtung dieser Phänomene wesentlich an ihrer Ausweitung und Verschärfung beteiligt waren.

Der Fakt ist nichts ohne seine Nuancen. Wenn man erst gar keine Fakten vermitteln will, muß man die Nuancen sehr viel mehr betonen. Über diverse Formen der Kriminalität und Motorradfahrer wurde oft in einem Atemzug berichtet. Und immer öfter von brutalen Bikern auf ihren Harley-Davidsons. Denn von all den Motorrädern dieser Welt mußten die Outlaws ausgerechnet Harley-Davidson-Maschinen zu ihrem bevorzugten Vehikel erwählen. Damit bekam Harley-Davidson ein schweres Image-Problem aufs Auge gedrückt. Statt gegen die verzerrte Berichterstattung der mächtigen Presse vorzugehen, spielte das Werk unbewußt das Spiel nach deren Regeln und distanzierte sich von solcherlei Kunden.

Clevere Honda-Werbestrategen erkannten und nutzten dieses allgemein tief verankerte Vorurteil Mitte der Sechziger, als über dem Slogan »You meet the Nicest People on a Honda« keine bösen Buben, sondern brave Omis, freundliche Pfarrer, eben lauter betont nette und angepaßte Menschen erschienen.

Inzwischen nahm Milwaukee die unkonventionellen oder was immer man sonst von ihnen hält, deswegen aber nicht kriminellen Motorradfahrer längst an und kümmerte sich spätestens seit der Super-Glide 1971 intensiv um sie. Nicht nur das, diese Käufer nahmen mehr und mehr Harleys ab und sind heute integraler Teil der speziellen HD-Faszination. Am Ende der AMF-Zeit wurde eine Untersuchung der Psychologie dieses speziellen Marktsegments in Auftrag gegeben, deren Ergebnisse eigentlich niemanden mehr überraschen kann, der nur ein paar Bikertreffen besuchte.

Und zwar verstünden sich die meisten Biker als betonte Individualisten. Im Verhältnis zur angepaßten Majorität sind sie's wohl auch. Aber innerhalb ihres eigenen Freiraums abseits der, sagen wir mal, 9- bis 5-Menschheit erfolge erheblich mehr Angleichung an die da gängigen Normen und Standards als in der sonstigen Gesellschaft. Das scheint schlüssig, denken wir an die auf den ersten Blick fast uniformierten Biker in Jeans, schwarzen T-Shirts, Stiefeln, ihren gültigen Slang, das manchmal betont überamerikanische bzw. chauvinistische Gehabe oder die offensive Körpersprache und vor allen Dingen: an ihre Harleys!

Aber auch hier ist der Fakt wieder nichts ohne seine Nuancen, denn Gott sei Dank nicht jede Harley, auch nicht jeder Biker und schon gar nicht jede Biker-Braut sehen gleich aus. Da lohnt sich manchmal das Hingucken. Doch wie so oft, Zahlen und Gefühle stimmen unterm Strich nicht überein. So viele »Biker« gibt es nicht. Sie allein könnten das letzte US-Motorrad-Werk nicht entfernt am Leben halten.

»The Wild One« führt eigentlich nur am Anfang richtige Motorradszenen. Brando bewegte in dem Film 1953 eine Triumph. Im wahren Leben wußte er's besser als hier im Studio und fuhr Harleys. Er dominiert die Vorstellung als trüber, nuschelnder Bandenführer Johnny. Seines introvertierten Durcheinanderseins wegen merkte er wohl nicht, was für eine lahme Tasse Mary Murphy, das Hauptweib dieses Films, ist. Gott sei Dank kommt noch der röhrend besoffene, lachende Lee Marvin mit seinen Jungens – die meisten auf Harleys – rein. Das Filmchen durfte in England 14 Jahre nicht aufgeführt werden.

Image

Als Elvis Presley sich das leisten konnte, besorgte er sich 1956 seine erste Harley – eine KH. Er bezog dann die jeweils aktuellen Bigtwins und Sportster in einem regelmäßigen Jahresabonnement. Manche holte er persönlich in Milwaukee ab. Wobei der King nicht am Zubehör sparte, wie am zweiten Bild zu sehen ist.

Brigitte Bardot ließ sich von ihrem Freund Serge Gainsbourg 1966 ein Lied darüber schreiben, was ihr ihre angechoppte 45 cu.in. Harley-Davidson bedeutete: »Je n'ai ai pas besoin personne au Harley-Davidson«
Grob übersetzt etwa:
Ich brauch keinerlei Person
auf meiner Harley-Davidson . . .
Mit Gainsbourg soll sie unter anderem auch gerne auf dessen Bigtwins gefahren sein.

Als schnellen Geldmacher brachte Roger Corman mit »Wild Angels« 1966 den ersten vieler Outlaw-Filme heraus. Peter Fonda als Blues ist erträglich, Bruce Dern als Loser besser. Warum die ihren Vater's Namen für 30 000 Dollar versilbernde Nancy Sinatra mitspielte, bleibt Corman's Marketing-Geheimnis. Die Story steuert auf den breit ausgewalzten Schluß zu, wo die Gruppe den toten Loser in einer Kleinstadt-Kapelle aufbahrt und den Ortspfaffen zu einer Predigt zwingt. Als der das tut, fühlen sich die Rowdies von seinem Gerede angeödet und feiern in der Kapelle lieber eine wüste Orgie. Fassungslos entkommt der Pfaff, schaut sich hier nicht weniger entgeistert ihre eigenartigen Chopper an. Mit denen bringen die Outlaws danach ihren Loser zum Ortsfriedhof, wo aufgebrachte Bürger ihnen Mores beibringen wollen.

Als Polizei eintrifft, hauen die Biker ab. Nur Loser und Blues bleiben zurück. Der eine weil er zu tot, der andere weil er zu doof oder zu edel zum Abhauen war. Der Film war ein Kassenhit, nicht nur das, er wurde zum offiziellen US-Betrag für die Festspiele in Venedig gewählt, die er, man will's heute kaum glauben, gewann. Persönlich schau ich mir allemal lieber einen Corman als einen Godard oder Bergman an – aber die Juroren?

In den dreißiger Jahren erwähnte der Enthusiast einen bieder-freundlichen Club, den »MC Hells Angels«. Der ging ein, lange bevor diesen Namen die wilden kalifornischen Nachkriegs-Jungs international bekannt machten. Die berühmt-berüchtigten Hell's Angels Sonny Barger, Terry The Tramp, Skip, Tiny, Magoo usw. aus Oakland spielten im Film »Hell's Angels '69« quasi sich selber. Das sollen sie überzeugend gemacht haben, der Film gilt trotz einiger Drehbuchschwächen als einer der besseren Road-Movies. Hier versucht ein Angel, ohne größere Anstrengung ein paar potentielle zarte Steaks zum Grillplatz zu ziehen.

Captain America oder Peter Fonda. »Easy Rider«, ein Biker-Movie, das eigentlich mehr über die USA jener Zeit erzählt als über Pan-Chopper und eben drum die so interessant macht. Regisseur, Scriptschreiber, Hauptdarsteller – Dennis Hopper, Peter Fonda – identifizieren sich mit ihrem Thema, haben aber ausreichend künstlerisches Format, um eine für die junge Generation glaubhaft erzählte Story abzuliefern. Es folgt keine weitere Inhaltsangabe von »Easy Rider«.

Nach dem Mardi Gras: Billy – Hopper – im Sterben, gleich kriegt auch Wyatt – Fonda – seine Ladung ab. Joe Teresi, »Easyriders«-Herausgeber und altes Schlitzohr, läßt in der Schlußzene seiner »Motorcycle-Rodeos« heutige Darsteller von Billy und Captain America mit ihren Choppern auf den Rodeoplatz rollen, gefolgt vom Pickup mit den Rednecks. Die bringen die Biker zwar zu Fall, die sind aber diesmal auf der Hut und erledigen die auf sie anlegenden Mörder zuerst. Das manchmal zehntausende zählende Publikum jubelt, die beiden Protagonisten pflanzen auf die Sissy-Bars ihrer Chopper jeweils eine riesige US- sowie eine »Easyriders«-Flagge und drehen unter tobendem Beifall und mit flatterndem Tuch noch eine Runde um den Rodeoplatz.

Realität

Andere Käuferschichten brauchen sorgfältige Pflege. Vor allem wäre es wichtig, neue, von den gängigen Harleys bisher nicht angesprochene Kunden zu motivieren. Vergessen wir nicht, daß über die HD-Geschichte Einzylinder, Boxer, Zweitakter, Roller, Golfwagen, Aggregat-Motoren, Gespanne, Dreiräder, Militär-, Polizei-, Kommerz-Fahrzeuge und sogar Schneemobile eine wichtige Rolle für einen ausgewogenen Umsatz spielten.

Wir zeigen nun ein paar mehr oder weniger erfolgreiche HD-Versuche, sich über die Jahre abseits der traditionellen V-Twins Positionen zu erobern.

In der Nachkriegszeit war gegen die gut eingeführten britischen Mittelklasse-Maschinen schwer anzukommen. Indian versuchte das Paralleltwin-Design und brach sich mit seiner letzten Produkt-Reihe das Genick, weil die lange nicht die Alltagstauglichkeit der Briten besaß. In Milwaukee überlegte man gründlicher und hielt sich gleich an den offeneren Markt kleiner Motorräder. 1948 bei der Vorstellung des ersten HD-Zweitakters: Gordon Davidson, William Harley jr., Arthur Davidson, William H. Davidson.

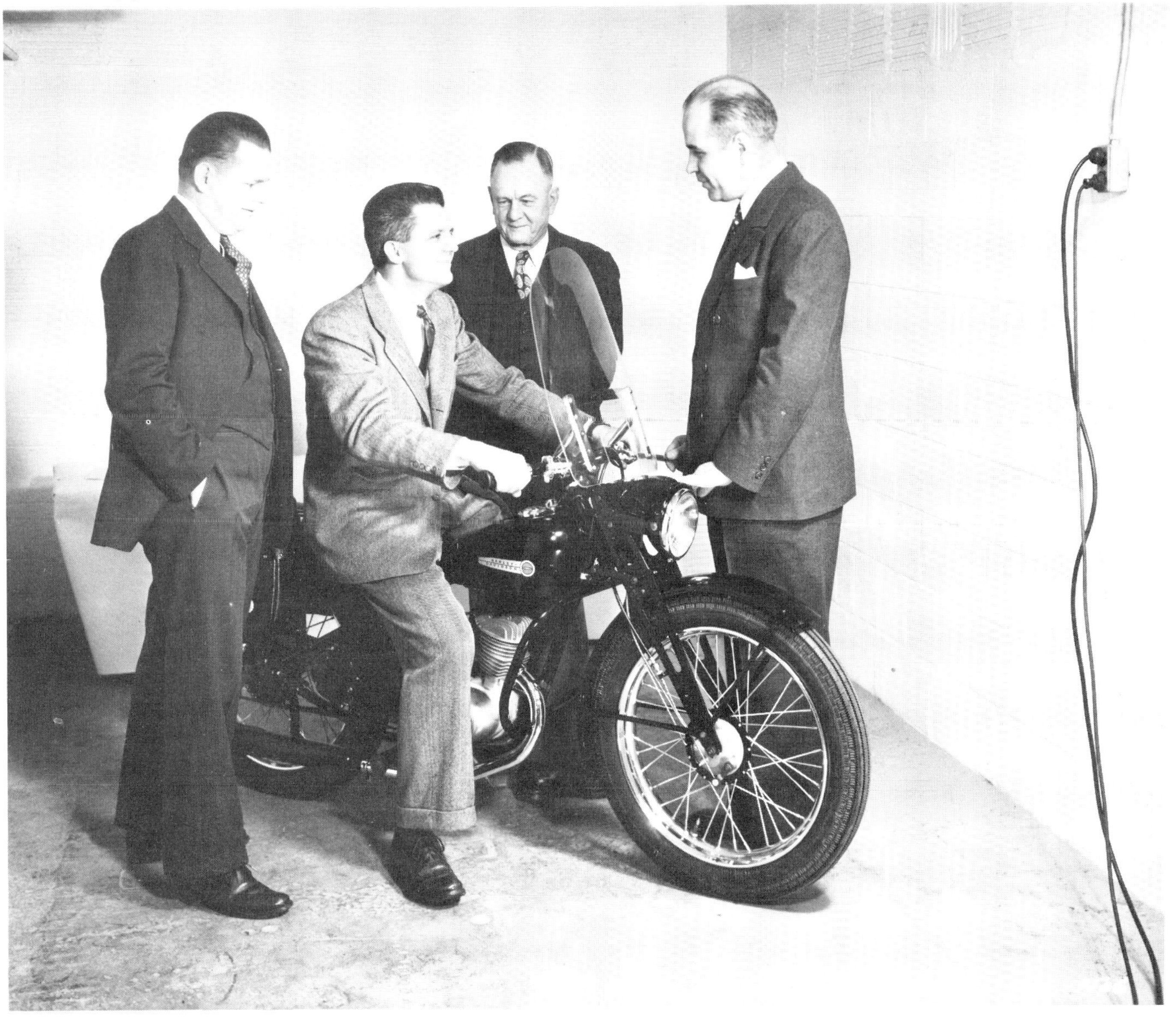

Im großen Ganzen waren die 125-ccm-Zweitakt-Harleys nachgebaute DKWs. Des Kriegsergebnisses wegen sparte man aber Entwicklungskosten und Lizenzgebühren ein. Sie erfreuten sich als billiges Zweit-, Hobby-, Nutz- oder Jugendfahrzeug bester Popularität. Werksseitig bot man für sie ein Zubehör-Programm an. Technisch wurden sie regelmäßig verbessert: Tele-Gabel (hieß dann Tele Glide, jawoll!), Hubraumerhöhungen, hintere Federbeine, Geländeausführungen.

HD-Präsident William H. Davidson übernahm 1960 die Mehrheit bei Aermacchi und die italienischen Maschinen – 175, 250 und später 350-ccm-OHV-Einzylinder – als Ergänzung des HD-Verkaufsprogramms. Die hier gezeigte Scrambler war ein guter Verkaufserfolg, leistete 25 PS bei für einen Stoßstangenmotor kaum glaublichen 8700 U/min. Die Scrambler erhielt erst 1972 ihren 350 ccm Motor, da hatte sie es aber wegen Preis und einigen Verarbeitungsmängel schon gegen die Japaner schwer.

Eins der im AMF/Vaughn Beals Kapitel beschriebenen neuen Mittelklassemodelle, die wegen AMF's Zurückhaltung 1976 nicht auf den Markt kamen. Hier die große 750-ccm-Ausführung, V2 mit obenliegenden, von Kette angetriebenen Nockenwellen, die etwas aufwendigen Schlußrohre wären sicher später »normalisiert« worden.

Der mit Porsche entwickelte, sogenannte »Nova« wassergekühlte V4-Harley-Motor. Kommt er nun noch oder nicht?

Banzai!

Der über siebzigjährige Zeitungs-Herausgeber, erfolgreiche Geschäftsmann und Harley-Davidson-, Münch- wie Fabergé-Fan Malcolm Forbes äußerte sich Mitte der siebziger Jahre über den totalen Einbruch der klassischen Motorradmarken gegenüber der japanischen Konkurrenz. Das scheinen mir nach wie vor realistische Gedanken, die sich ohne Vorurteil und Ressentiment mit dem ungeheuren Erfolg der großen japanischen Motorradfirmen beschäftigen.

»Der Grund, warum die Japaner bessere Motorräder bauen, ist, daß sie überlegene Geschäftsleute sind. Sie bauen bessere Autos, Fotoapparate, Stereogeräte, Motorräder nicht, weil sie diese Produkte mehr lieben als ihre ausländischen Wettbewerber, sondern weil sie den Wettbewerb mehr lieben. Zur Zeit haben in der Motorrad-Industrie die großen vier japanischen Firmen keine ernstzunehmende Konkurrenz außer sich. Ihr Wettbewerb untereinander ist scharf und realistisch. In dem sind sie nicht, weil sie Motorräder, sondern weil sie Gewinn und Geld machen wollen. Deswegen modernisieren sie ihre Produkte und deren Herstellung dauernd. Ihre Motorräder vervollkommnen sie nicht ständig, weil sie die etwa lieben oder weil sie ein überlegenes technisches Wissen besitzen würden. Nicht ihr persönlicher Enthusiasmus für das Produkt ist entscheidend, es ist ihr Verständnis für das, was solch einen Enthusiasmus hervorruft, und ihr hervorragendes Management, was ihre Maschinen besser macht.«

Zweifellos dominieren japanische Firmen seit einiger Zeit die Weltmärkte der – und ich hoffe, ich übersehe dabei nichts – Motorräder, Autos, Fotokameras, Unterhaltungselektronik, Computerteile, Audio- und Videokomponenten. Gerade die Motorradsituation wird seit gut zwanzig Jahren entscheidend von ihnen geprägt. Nicht-japanische Marken haben sich eigentlich nur in Nischen halten können, die zu übernehmen die großen Vier sich inzwischen aufgemacht haben. Im großen Tourer- oder Chopper-Bereich haben sie sich vielleicht anfänglich lächerlich gemacht, aber der Konkurrenz diese frühe Demütigung inzwischen bereits heimgezahlt.

Eben weil gerade die Überlebenschancen der Harley-Davidson Motor Company weitgehend davon abhängen, wie ihre Reaktion auf und noch mehr ihre Strategie gegen die großen Vier aus Fernost ausfällt, sollte man ruhig ein paar Überlegungen und historische Betrachtungen zu diesem Thema anstellen.

Japanische Wirtschaft und Politik sind noch enger verwoben als sonstwo – abgesehen vielleicht von der behördeten Industrie der sozialistischen Staaten. In den Lobbies von Tokio häufen sich nicht so wie in den Hauptstädten der westlichen Welt die Bestechungen verteilenden oder Druck ausübenden Interessenvertreter der Industrien. Warum auch? Everything has already been taken care of. Die japanische Regierung verteilt an staatliche Anstalten oder Entwicklungslabors diverser Firmen hauptsächlich der Konsumartikel-Industrie uns kaum vorstellbare Steuersummen, die für übergeordnete Entwicklungs- und Forschungsprojekte verbraten werden. Die Ergebnisse können dann allgemein von der ganzen Branche genutzt werden.

Diese Forschungen sind deswegen so wirkungsvoll, weil sie sich auf zivile Produkte, meist für den Massenmarkt, beschränken. Das Land der aufgehenden Sonne braucht nämlich eins nicht zu machen, was überall sonstwo selbstverständlich ist: Es wirft nicht gleich wieder ein Drittel des sauer erschwitzten Nationaleinkommens für ständig neue Waffen und deren Verbesserungen raus. Das haben die Amis anno 45 den Japanern verboten und wahrscheinlich schon oft bereut. In der von ihnen gesponserten japanischen Verfassung schrieben sie nach dem Krieg fest, daß sich der mühsam besiegte Inselstaat nie wieder eine Armee, Marine oder Luftwaffe leisten dürfe.

Das war dann auch eine ganze Weile so, aber natürlich wird inzwischen – besonders unter dem Druck der US-Verbündeten – geschummelt. Die heutige, vergleichsweise klitzekleine japanische Armee heißt halt anders. Man wahrt zwar nicht den Geist, aber immerhin einige Buchstaben der Verfassung. Sollte erst gar nichts mehr für Militär und Rüstung ausgegeben werden, sind es heute etwa fünf Prozent des Nationaleinkommens. Eine für über vierzig Jahre erstaunlich niedrige Werte-Inflation. So verbissen das militaristische kleine Japan ab den dreißiger Jahren Krieg führte und zeitweise fast die gesamte pazifische Hemisphäre unterjochte, so unbeirrt brach danach das nun wirtschaftlich expandierende und weiter auf alle Bequemlichkeiten verzichtende Volk in den nächsten kollektiven Gewaltmarsch auf.

Mit scheinbar besserer Strategie; denn nun eroberte Japan ab den fünfziger Jahren erst mit weltweit zigmillionenfach abgesetzten Transistorradios, dann zahllosen Fotoapparaten und mehr und mehr Massenprodukten nach und nach die Weltmärkte.

Smarte Minister und ihre diensteifrigen Beamten ordneten sämtliche Belange ihres Landes den Interessen der genesenden Wirtschaft unter. Regierung, Behörden und Industrie hielten das arbeitende Volk lange Zeit kurz. Eine große Binnen-Kaufkraft schien nicht so wichtig wie die größere Nachfrage der offenen Fremdmärkte. Den heimischen Umsatz garantierte man, indem man das Inselreich nach außen mit Höchstzöllen abschottete. Den Unternehmern wurde gerade für den Export vieles an Arbeit, Zeit und Geld abgenommen, man gewährte Steuernachlässe, subventionierte die Forschung, erstellte ihnen durch topqualifizierte Beamte der Wirtschaftsförderung maßgeschneiderte Marketing-Strategien.

Auch das Finanzkapital engagierte sich weitgehend, hielt seine Kapitalrenditen relativ niedrig, um das Wachstum der Wirtschaft zu beschleunigen. So wurden ehemalige riesige Rüstungsgiganten wie Kawasaki oder Mitsubishi auf zivile Schwergüter und Konsumartikel umgestellt. Große Handelshäuser wie Mitsui nahmen unerfahrenen Firmen zu akzeptablen Konditionen den Auslandsvertrieb ganz ab.

Jedenfalls verließ irgendwann dieser längst nicht ausgewachsene, doch hochmotivierte, dabei täppisch mit seinen Muskeln spielende Godzilla seine eng werdenden Inselchen, durchquerte die pazifischen Wasser und stolperte über Strand und Küste in das Land der unbegrenzten Möglichkeiten, um zu lernen, die für sich zu nutzen. Der japanische Godzilla war noch längst nicht die wohlgeölte, hocheffiziente und perfektionierte Kampfmaschine, die bald jeden Widerstand niederwalzen konnte. Statt zu erschrecken oder nur die Ahnung einer Bedrohung zu verspüren, lächelten die Good Old Boys der US-Motorradbranche über die stets freundlichen, höflichen, buckelnden kleinen schlitzäugigen Männer, die sich in schlecht geschnittenen schwarzen Anzügen auf ihren Messen und Branchenterminen breitmachten.

Jovial, großsprecherisch und gutmütig, wie es halt seine Art war, besuchte der damalige Herausgeber des wichtigsten US-Motorradmagazins »Cycle«, Floyd Clymer, Ende der Fünfziger die Motorradwerke Japans. Nahm der sich stets auch selbst Darstellende das neue Phänomen wahr oder war der gern reisende Clymer hauptsächlich am touristischen Japan interessiert? Jedenfalls ließ er sich rum- und ausführen, klopfte tausend Schultern, schrieb einige halbseitige Editorials darüber, wie überrascht er von den modernen Fabriken sei. Aber die Bildergeschichten über seine Fahrt, die er in langen Riemen über seine Hefte verteilte, die zeigten z. B. über mehrere Seiten, wie er versuchte, den Ingenieuren und Managern von Suzuki das Motorradfahren rückwärts beizubringen, wofür ihm die kleinen, dünnen Männer höflich applaudierend dankten. Oder er berichtete von dortigen Rennen der großen Klassen, in denen Harleys und Engländer dominierten. Das würde auch so bleiben, denn die japanischen Konstrukteure und Fabriken würden nicht mehr als die kleinen Hubraum-Klassen meistern.

Nicht viel anders sah es auch die seit ewig im eigenen Saft brodelnde und sich seit Jahrzehnten kennende In-Group der kleinen, überschaubaren US-Motorrad-Branche. So ein Erfolg wie bei den Transistorradios oder den zwar billigen aber nicht besonders guten Fotoapparaten ließe sich keinesfalls auf ihre Situation übertragen. Da brauchten sie gar nicht zu überlegen. Die echten Motorradkäufer wollten schließlich schwere, verläßliche Maschinen erprobter Qualität – also Harleys – kaufen. Oder leichtere Engländer der agilen Mittelklasse. Wenn ihnen die Absatzzahlen der kleinen, saft- wie gewinnlosen Nutzmopeds wegrutschten – so what – das tat eh' nicht weh.

Sie übersahen, daß z. B. der Radioabsatz vor dem millionenfachen Verkauf der Transistorradios auch schon verteilt, wenn nicht gesättigt war. Die Japaner aber konstruierten wesensmäßig andere Produkte, mit denen weckten sie vorher nicht bekannte Bedürfnisse und schufen damit einen neuen, viel größeren Markt. Auf den waren sie dann hervorragend vorbereitet und konnten ihn mit einer sagenhaften Warenflut überschwemmen.

Jahrzehnte relativer Isolation hatten für manche Selbstgerechtigkeit, ja Arroganz in der US-Motorradbranche gesorgt. Waren die an dem neuen Phänomen erst mal tumb vorbeimarschierenden Koryphäen in ihrem Pharisäertum nicht selber schuld an ihren Problemen? Im Nachhinein ist es einfach, zu urteilen und zu richten. Wer fühlte sich nicht in seinen Vorurteilen über die dummen Fernost-Kopisten bestätigt, wer hatte nicht über deren billige Plastikdinger seine Witzchen gemacht, gelacht und sie dennoch gekauft? Wer war viel später nicht überrascht vom Ausmaß wie Erfolg der großangelegten fernöstlichen Exportoffensive?

Daß die Gestalter der japanischen Unternehmensstrategien sehr bewußt von umgewandelten Bedingungen ausgingen, verstand man woanders kaum. Die fernöstlichen Unternehmer wollten und mußten die neuen, leichter beherrschbaren Techniken, die sich verändernden wirtschaftlichen und massenpsychologischen Faktoren optimal für sich nutzen. Manchmal muß man ihren Produktgestaltern den kreativen Charakter absprechen, den die Wirtschaftsbosse bei Produktion und Marketing über jedes Maß entwickelten. Die Lektionen, die sie dem Rest ihrer verpennten Kollegen auf der Welt erteilten, haben viele von denen immer noch nicht begriffen.

Im riesigen Binnenmarkt USA dagegen lief alles seinen gewohnten Gang, die Autohersteller brachten jedes Jahr dasselbe Auto mit etwas anderer Blechverkleidung und lauttönender PR-Hype heraus. Harley-Davidson oder die Engländer brachten eigentlich auch jedes Jahr das gleiche Motorrad heraus, nicht mal optisch richtig verändert, dafür mit erheblich weniger PR-Geschrei. Business as usual. Man stellte sich nicht nur nicht auf die sich verändernde Lage ein, noch schlimmer, man nahm sie nicht mal wahr. Über allen Gipfeln herrschte Ruh, spürte man kaum einen Hauch. Mach nur weiter so, dann ruhest bald auch Du.

Shovelhead – er prägte eine Generation

Auf den Herren-Treffen in der Club-Atmosphäre des AMA-Oberhauses kamen derartige Gedanken den Funktionären, Importeuren, HD-Managern, Händlern und Pressegentlemen gar nicht. Schließlich waren billige Mini-Radios nicht mit ihren schweren, guten Motorrädern zu vergleichen. Die Japaner sollen überhaupt erst mal ein richtiges Motorrad hinstellen! Was konnte ihnen auch passieren: Es wußte ja jeder, Amerikas motorisierter Zweiradmarkt würde nie 100 000 per annum überschreiten. Das war schließlich seit Jahrzehnten so.

Und um diesen, ihren überschaubaren Markt bemühte sich das Management der Harley-Davidson Motor Company wirklich. Mit der zweitaktenden 125-ccm-Hummer, ihren Nachfolgern ab 1962, den 175-ccm-Bobcat, Ranger, Pacer, Scat; dem gefälligen Motorroller Topper; den 250- und 350-ccm-Viertakt-Einzylindern von Aermacchi/Italien; den schnellen 883-ccm-Sportstern sowie den 1200er-Big-Twins, die man sich ganz nach Gusto ausstatten konnte, bot man außer in der 500er- bis 750er-Klasse den Motorradfahrern ein rundes, attraktives Programm.

HDs Konstrukteure entwickelten allgemein im ruhigen Schritt der Detailverbesserungen ihre Produkte fort, mal kam dieses dazu, mal jenes weg. Im Herbst 1965 machten sie wieder einmal einen weiten Satz nach vorn. Sie stellten ihre Big Twins für 1966 vor: Der neue Zylinderkopf fiel zuerst auf. Statt wie bisher bei der Pan die Rokker zu umhüllen, waren jetzt die Rockerarme in die neue Box integriert. Die Lichtmaschine blieb vor dem Kurbelgehäuse. Beatmet wurde der Motor von einem Tillotson-Membran-Vergaser, motormäßig war's das im wesentlichen schon.

Bessere Elektrik, das beigegebene Touring-Paket aus Polizeischeibe und Glasfiber-Koffern, vielleicht ein teilweise anderes Material machten das komplette Motorrad schwerer. Angegeben wurde die neue FLH mit 60 PS, knapp zehn Prozent mehr Leistung. Aber wegen ihres Übergewichts waren die ersten Shovels etwas langsamer als die letzten Pans. Die niedriger verdichtete FL brachte 54 PS, war aber nie so populär wie die FLH. Hauptsächlich Polizei oder Behörden orderten die FL. Aus dem beeindruckenden HD-Zubehörprogramm ließen sich die wunderschönen Tourer und Dresser zusammenstellen, die auf der Welt nichts Gleichwertiges hatten und deren Vorbild selbst heute die meisten späteren Entwicklungen der Konkurrenzfirmen überstrahlt.

Die Magazine kritisierten die verbesserungswürdigen Bremsen, dann, daß der so hübsch anzuschauende Doppel-Schwingsattel für zwei ausgewachsene Passagiere zu kurz und zu weit nach vorn geneigt sei, so daß bei langen Strecken der Sozius den Piloten zu weit nach vorne schiebt. Gelobt wurden die Solo-Ausführung mit dem bequemen Polizeisattel, die freundlicheren, weil geringeren Vibrationen sowie der hervorragende Gesamteindruck.

Bis 1970 reden wir vom Early Shovel oder Generator Shovel, ab dann vom Cone- oder einfach

Que Bella! Die erste Electra Glide mit Shovelhead-Motor erschien 1966. Diese FLH hat das komplette Touring-Paket dran: Polizei-Scheibe, Spotlights, Blinker, Koffer, Bügel, Gepäckträger, Zierstangen, Luxus-Sattel, Fishtail-Auspuff, Ofenrohr um den vorderen Krümmer. Da wußte man, warum man die große 12-Volt-Batterie hinter ihrer polierten seitlichen Chromblende brauchte.

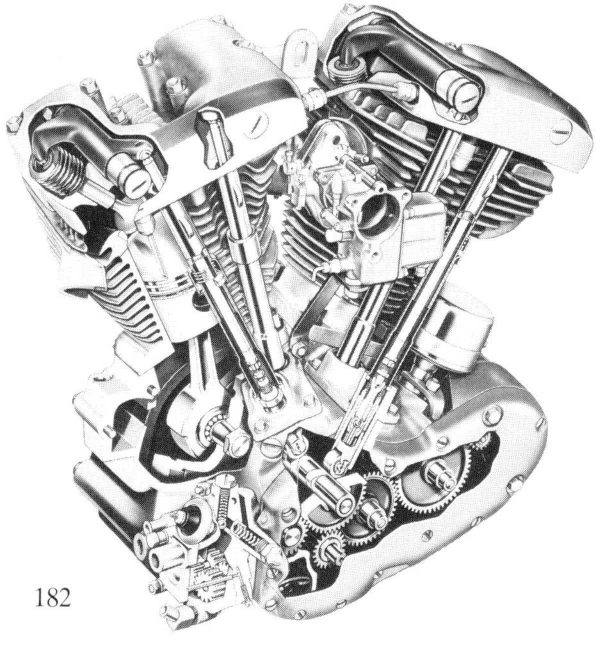

Der Early Shovel atmete nur im ersten Jahr durch den Linkert-Vergaser, ab 1967 bis zum ersten Jahrgang des Shovel-Cone-Motors wurde er vom hier abgebildeten Tillotson Vergaser bedient. Bis 68 besaß er die alte Ölpumpe aus Stahl, die seitdem in Alu ausgeführt wurde. Er war Harleys erster Motor mit automatischem Zündverteiler. Im Vergleich zu seinem Vorgänger hatte er weniger Probleme mit der Führung der Kipphebel, da man die nun auf axiales Spiel ausdistanzieren konnte, weiter in den Zylinderköpfen verbesserte Ölrücklauf-Bohrungen. Erster HD-Motor, dem die Krümmer in den Zylinderkopf geschraubt und nicht geklemmt wurden. Gelegentliche Dichtungsprobleme wie bei den vorherigen OHV traten nicht mehr auf.

Ab 1969 breitete die Electra Glide ihre Flügel aus. Ein funktioneller Klassiker mehr, der nach bald dreißig Jahren nichts von seinem Appeal verloren hat. Welche andere Motorrad-Verkleidung könnte daneben bestehen und würde nur entfernt unser Schönheitsbedürfnis so sättigen? Mit meinem Bruder im Frankfurter Nordend irgendwann in den siebziger Jahren.

Der Harley-Davidson-Wecker. Welche Firma hat je einen anheimelnderen Tacho gebracht.

Die Super Glide zeigte 1971, daß die Firma die nachwachsende Kundengeneration wahrnahm, denen die ausladenden E-Glides zu groß, die spartanischen Sportster zu hart waren. Willie G. sagt, daß das FX-Design ab 1967 stand, aber in der komplizierten Vor-AMF-Zeit auf wenig Interesse stieß. Die Firmenführung meinte, mit der Sportster den Jugend-Markt abzudecken. Bei AMF setzte sich die Idee dann durch. An ein gestripptes FLH-Fahrwerk mit Bigtwin-Motor, ohne E-Starter, hängte man das Sportster-Vorderteil mit dem 19-inch-Rad dran: Schwupps, schon gab's die Super Glide. Der Bürzel blieb nur ein Jahr dran, geteilten Tank und zusammenlaufenden Auspuff behielt sie die ersten zwei Jahre. Ihr kombinierter Kürzel FX aus F (LH) und X (LH) dokumentiert die Eltern.

Die FX stand bald auf eigenen Füßen. 1973 gefiel sie mit einem von der Italo-Harley-Sprint inspirierten Brotlaib-Tank und Shorty Duals. Ab 1974 gab's noch eine FXE. E für Elektro-Starter. Damit konnten auch die zusteigen, die beim Ankicken Probleme haben. Die FXE wurde populärer, beide Varianten veränderten sich über die Jahre nicht dramatisch, sieht man von diversen Auspuffen u. a. ab. 1977 änderte sich der Rahmen etwas, doch dieses Jahr bot eine größere Überraschung.

Nämlich die Vorstellung der silber-schwarzen FXS-Low Rider für das Verkaufsjahr 78. Die FXS sollte die tiefe Beziehung zwischen Werk und Custom-Szene sozusagen noch mehr vertiefen. Die tiefe Low Rider war Milwaukees erster rundum ästhetischer Factory Custom. Prinzipiell eine FXE mit gekürzter Gabel und Federn, weiterem Steuerkopfwinkel, verlängertem Radstand, Drag Bars auf Risern, auf dem Fat Bob Tank ein neues Instrumentenbord, obere, am Außenrand polierte Kühlrippen sowie reichlich schwarzen Krumpellack. Mit der FXS wuchs das Custom-Reservat abseits des Hauptmarktes immer leistungsstärkerer, charakterschwächerer Sportmaschinen aus Japan, gegen deren Flut man nicht mehr ankommen konnte oder wollte.

Shovel-Motor. Die Lichtmaschine vorn wurde durch den Generator oben im Gehäuse des Primärantriebs ersetzt. Die Zündeinstellung rutschte auf den Kegel an der rechten Seite des Kurbelgehäuses. Der Kickstarter fiel weg. 1971 wurde der Tillotson durch den Bendix-Vergaser ersetzt, auf den 1974 wieder der von Keihin folgte. Die neue vordere Scheibenbremse soll 1972 für sehr gute Bremswerte gesorgt haben. Ich weiß nicht, was mit der Scheibe passiert ist oder warum sie die nicht die nächsten Jahre behielten, denn daß eine Shovel FLH gut bremst, ist schwer zu glauben.

Scheinbar las in Milwaukee irgend jemand inzwischen die Motorrad-Tests der letzten zehn, fünfzehn Jahre, denn ab 1973 verlängerte und teilte man den gefederten Sattel. Im nächsten

Anfang August 79: Wie Tausende andere auf ihren großvolumigen V-Twins ritten Willie G. und Louis Netz mit ihren Vorserien-FXB ins hügelige South Dakota zur Sturgis-Bike-Rallye. Zum Abquatschen, Spaß haben und schöne Böcke zu bewundern. Die den Low Riders so ähnlichen Mühlen der HD-Designer hatten den 80 cu.in. Motor, den zusammenlaufenden Super Glide Auspuff und den schönen Drag Bar Lenker – wie ihn, Gott hab ihn selig, Dennis Hopper in »Easy Rider« goutierte. Das besondere »B« der FXB stand für »Belt«, wie Primär- und Sekundär-Antrieb über Zahnriemen. HD hatte den mit der Gates Rubber Company entwickelt. Der Riementrieb selber war keine Schwierigkeit, er hielt wartungsfrei allgemein 50 000 km, dreimal länger als man erwartete, ihn unterzubringen, das war's. In den nächsten Baujahren atmete die Sturgis getaufte FXB bald durch Shorty Duals aus und das Buckhorn Geweih löste leider die Drag Bar Stange ab.

Jahr baute man sogar in die Nummernschildhalterung eine Alarmanlage ein. Die sollten sie meinetwegen in verbesserter Form ruhig wieder einsetzen, das würde einem manchen Spaziergang oder Bummel erleichtern. Schließlich kam 1978 in der kleinen schwarzen Büchse vorne die kontaktlose, elektronische Zündung, die man bei Defekten nur noch auf den Müll oder in die Landschaft werfen und durch eine neue ersetzen konnte.

Mit den immer schärferen Lärm- und Emmissionswerten in den westlichen Staaten, die sich wenig um die riesigen, lauten, stinkenden Diesel, aber um so mehr um die einflußlosen kleinen Motorradler kümmerten, wurden fast jährlich die Dezibel gesenkt oder die Auspuffe weiter gefiltert. Ich will erst gar nicht an den Endstücken der Auspuffe inhalieren, um im direkten Vergleich die qualitative Güte der Gase einer 73er und einer 78er zu ertesten. So groß wird der Abstand schon nicht sein, denn schon der numerische Unterschied der Dezibel macht sich mir schwer bemerkbar. Jedenfalls schonten die dauernden Auflagen kaum mehr Lungen oder Nerven als vorher, aber der bullige Charakter der Harleys litt. Darum wurde ab 1978 zusätzlich zur 74 cu.in. Version eine mit 80 cu.in. herausgebracht. Die konnte durch ihren dicken Toaster-Luftfilter at-

Die neuen Factory-Customs und Chopper verkauften sich besser als die E-Glide. Ab dem 75jährigen Firmenjubiläum 1978 war neben dem 1200er für die FLH der 80 cu.in. Motor mit dem großen Luftfilter bestellbar. Die beiden Zylinder voll 1340 ccm Hubraum trieben die E-Glide kaum schneller an als der klassische 74 cu.in. Twin. Eine limitierte, in »Creme and Tan« gehaltene »Classic« Sonderserie, voll ausgestatteter FLHs – mit dem größeren Motor und wahlweise fest montiertem Sattel – folgte 1979.

men, ohne daß sie dabei lahmte. Ab 1980 gab's dann nur noch den größeren 1340-ccm-Motor.

So, jetzt folgt erst eine Geschichtsstunde. Danach können wir in die Bilder einsteigen, in denen wir – auch durch die Untertexte – die ab 1971 nach und nach ins Programm genommenen Kreationen eines gewissen William G. Davidson – wie die Super Glide, Fat Bob, Low Rider, Wide Glide, Disc Glide, Sturgis – genauer kennenlernen.

Als 1969 die American Machine and Foundry Corporation – AMF – die Harley-Davidson Motor Company of Milwaukee übernahm, galt als bedeutender Teil des Deals, daß die Produktionsanlagen des Motorradwerkes großzügig modernisiert würden. Erst mal jedoch erhöhte AMF hauptsächlich die Produktionsziffern. Bis auf 75 000 Einheiten jährlich stieg der Ausstoß. Damit waren die überalterten Werksanlagen wie die großteils in zweiter und dritter Generation bei

Besonders bei der FLHC-Classic oder Heritage von 1981 fiel ein Qualitätsproblem dieses Jahres auf: schlecht gewuchtete Kurbelwelle, deren vibrierender Schüttelfrost nach und nach die Einzelteile des Motorrads über die Straße verteilte. Die schwere E-Glide litt zudem unter den jährlich verschärften Lärm- und Emissionsbestimmungen. Von einem antiken, luftgekühlten V-Twin waren die bei akzeptabler Leistung nur schwer zu erfüllen. »Wie soll man leben, wenn man nicht atmen und pfurzen kann?!« Die Anpassungen beschäftigten zwischendurch mehr als zwei Drittel der HD-Konstrukteure. Als Ausweg wurde der Bigtwin-Motor prinzipiell mit 1340 ccm Hubraum geliefert.

Black ist beautiful, die Low Rider von 81 wurden noch schwärzer. In einem Interview sagte Willie G., daß in den frühen siebziger Jahren das Low Rider Konzept auf Custom-Treffen entstanden sei. Was sich dort an Trends ausbildete, die Gespräche mit Bikern, habe er später mit eigenen Ideen vermischt. Auf heutigen Treffen scheint der G-Man immer noch neugierig zu sein, schaut genau hin, stellt Fragen, hört detaillierten Erklärungen zu.

Die Disc Glide FXDG von rechts, im Farbteil streckt sich Paul Watts' FXDG von links, wobei sie ihren Antrieb entblößt, hier zeigt sie ihre Steuerseite. Die FXDG von 1984 war eine mit Scheibenrad, Riemenantrieb und Taschen ausgestattete FXWG Wide Glide. Das Flammentank-FXWG-Original erschien 1980, es läßt sich im Farbteil bewundern und ist dort beschrieben. Die Wide Glide führte das HD-Custom Konzept eine qualitative Stufe weiter und war der erste wahre Factory Chopper überhaupt. Eine der »Rolling Sculptures«, die ihre Designer, Willie G. Davidson und Lou Netz, populär machten.

Harley arbeitenden Facharbeiter einfach überfordert. Die Verarbeitungsqualität der an die Händler ausgelieferten Maschinen ließ deutlich nach und erreichte zwischendurch skandalöse Zustände. Gegen die hellwache, qualitativ neue Maßstäbe setzende, noch dazu preiswertere japanische Konkurrenz war das wahrhaft kein Erfolgsrezept. Trotz der unter Druck produzierten steigenden Gesamtzahlen sank Harleys Anteil an dem ins Kraut schießenden Markt Jahr für Jahr ab, konnte die eh' nicht berauschende prozentuale Marktposition nicht gehalten werden.

Weiter verfolgte die AMF-Führung eine hierarchischere Politik, viele Entscheidungen der oberen Ebene wirkten auf die unten, die sie zu verwirklichen hatten, unüberlegt oder gar gegen ihre Interessen. Die vordem fast familiären Beziehungen zwischen dem alten Management und seinen Angestellten verdüsterten sich, es kam zu organisierten und wilden Streiks, spontanen Arbeitsniederlegungen, zwischendurch war gar von Sabotage die Rede. Als Sprit ins Feuer geschüttet, stellten sich die regelmäßig vorgenommenen Entlassungen dar.

Auf seine Art hielt sich AMF an seine Modernisierungs Zusage. Statt diesen Aufbau in Milwaukee mit den erfahrenen Harley-Bauern stattfinden zu lassen, wurde dort allerdings nur der Hauptsitz des Werkes sowie hauptsächlich der Motoren-, Getriebe- und Antriebsbau belassen und erneuert. Das des Ärgers mit den störrischen Milwaukeern überdrüssige AMF-Management verlegte andere Fertigungsprozesse sowie die Endmontage ins weit entfernte Städtchen York in Pennsylvania.

Dort besaß der Konzern eine nicht ausgelastete

Früher absolute E-Glide-Domäne und einiger BMWs, ging in den Siebziger Jahren der wichtige Markt der großen Tourer mehr und mehr an die Honda Gold Wing und andere japanische Kreuzer. Harley-Davidson war auf seinen bleibenden Tourer-Absatz angewiesen und konnte 1980 schließlich eine wesentliche Neuheit rausbringen, die Tour Glide, FLT. Ein konsequent durchgezeichnetes und in den Komponenten aufeinander abgestimmtes Reisemobil brachte teils die anvisierte Kundschaft zurück. Der in Silentblöcken aufgehängte Motor gab weniger Vibrationen an den Fahrer ab. Das Fünfganggetriebe verwöhnte im Alltagsbetrieb mit niedrigeren Drehzahlen als vorher. In einem geschlossenen Ölbad-Kettenkasten lief die Sekundär-Kette. Vom Fahrwerk her ließen sich diese neuen Motorräder langsam oder in Kurven leichter bewegen. Hier eine FLTC, Tour Glide Classic von 1981.

Munitionsfabrik, veränderte sie für etliche Millionen Dollar entsprechend und heuerte auf dem örtlichen Arbeitsmarkt verfügbare Kräfte an, die damals nicht gerade die Creme der amerikanischen Metallarbeitermeisterschaft darstellten. Damit waren die Qualitätsprobleme jedenfalls nicht gelöst. Zudem addierten sich im Gefolge der Energiekrise nicht vorhergesehene sagenhafte Transportkosten zwischen Milwaukee und York. Obendrauf kam 1974 der lange, harte Streik in Milwaukee. Ein Jahr später gingen beide Werke in den Streik, der die Firma monatelang lahmlegte und die dringend benötigten Gewinne einer nie produzierten viermonatigen Produktion wegfallen ließ.

Going through them Changes: Die Super Glide erhielt 81 einen verstärkten Bremsanker hinten, seitdem wurden auch haltbarere NC-Batterien eingesetzt. Auf die vom Shovel zu jener Zeit gern gestellte Frage: »Can't you hear me Knocking?!« antwortete das Werk mit auf 7,4:1 erniedrigter Kompression des 80 cu.in. Motors. Die FXE war in ihrem Abschlußjahr 1983 die billigste Ausführung der großen Modelle, sie hatte Doppel-Scheibenbremse vorn, aber keinen Kickstarter mehr, keinen Doppeltank, keine Rücklehne, dafür wieder den billigen Auspuff.

Der Super Glide wurde noch 1982 ihre Nachfolgerin zur Seite gestellt. Weil die optisch ganz anders wirkte, redet man seitdem von der Super Glide II, der FXR. Die II erhielt im Rahmen der Tour Glide neben dem in Kunststoff isolierten 80 cu.in. Shovel-Motor das neue Fünfganggetriebe. Die gezeigte Luxusausführung FXRS der Standard-FXR war zweitonig lackiert und besser ausgestattet. Doch, »Watt dem inen sin Uhl, iss dem annern sin Nachtigall«. Viele Käufer freuten sich über die spürbaren Verbesserungen, zumindest die Chopperbauer moserten wegen des Rahmens.

Was mögen die erst zu diesem Teil gesagt haben? Nach dem FLT-Erfolg hatten die HD-Strategen Blut geleckt. Ab 1983 wollten sie mit der auf der Polizeiversion FXRP aufgebauten FXRT Sport Glide den Tourenmarkt weiter zurückerobern. Beim Fahren der FXRT beeindruckte mich besonders ein Kabinettstückchen der HD-Entwickler, das ihre japanischen Kollegen beschämen mußte. Die im Vergleich so einfache, luft- und ventilunterstützte, wirklich sauber funktionierende HD-Anti-Dive-Vordergabel. Sonst ging's mir so wie vielen potentiellen Käufern, sie mochten die traditionell gestylteren E- und Tour-Glides mehr. Ende 1987 soll die FXRT aus dem Programm genommen werden.

Eine E-Glide in Deutschland-Version, mit Polizei-Scheibe, optimalem Flex-Seat, dem höheneinstellbaren Schwingsattel und Speichenrädern. Vaughn Beals und seine Frau wählten dies schöne Gerät für einen Europa-Urlaub aus, an dessem regnerischem Ende sich beide mit ihm in Stuttgart hinlegten und er dort eine Weile ins Krankenhaus mußte.

Die letzte traditionelle E-Glide der alten Schule, mit Belt Drive, serienmäßigem Frame Mount Seat und nach 82 mit neuen Griffen.

Auf FLT Basis erste FLHT-C mit der klassischen E-Glide-Verkleidung, 5-Ganggetriebe. Mancher würde sich bei einer Classic Speichenräder wünschen.

In den Jahren der sich überschneidenden Modellreihen gefielen immer wieder Sondermodelle wie diese rudimentäre E-Glide FLHS von 1983. Außer einem Sturzbügel würde ich mir nichts mehr ranbauen. Die immerhin reparierbaren Speichenräder, der klassische Wecker auf dem Tank, Batterie und Koffer mal ohne Blenden, nur rechtsseitiger Doppel-Auspuff, der tiefe Komfortsattel. Warum gab's die so nur noch mal in den siebziger Jahren?

So, nun endgültig, der aller-allerletzte der Mohikaner: Die letzten Shovelheads gingen im Juni 1984 vom Band und wurden noch im Verkaufsjahr 1985 angeboten. Die Sonderreihe der FLHS scheint der rechte Abschluß für die 18jährige Präsenz dieser feinen Motoren und Rahmen zu sein. Beide Shovel-Themen werden in den FLHS nochmal verbunden: E-Glide: Lampe, Gabel und Fender, 16 Zoll Räder; Wide Glide: Lenker, Highway-Pegs statt Floorboards, Chopper-Brems- und -Schalthebel, Auspuff Shorty Duals, Speichenräder. Kein Grund, zum Abschied allzu sentimental zu werden, die Shovelheads werden uns noch lange begleiten – als Klassiker wie die Knuckle- oder Panheads, aus denen sie sich ausbildeten.

Diktatoren des Flattracks: XR, Springer, O'Brien

Der internationale 250-ccm-Spitzenfahrer Martin Wimmer erzählt folgendes aus der 85er Grand Prix Saison, als Freddie Spencer auch um die 250er-Weltmeisterschaft kämpfte – und diese wie den 500er-Titel gewann. Martin jagte auf der Ideallinie am absoluten Reifenhaft-Limit in eine sich zuziehende, gemeine Kurve, als außen aus unmöglicher Position Spencer wild und quer an ihm vorbeischleuderte. Nicht nur dessen Hinter- sondern auch sein Vorderrad waren flachgequetscht und voll am Wegdriften. Für Martin sah das wie ein sicherer Sturz aus, er versuchte, Freddies wahrscheinlicher Fallinie auszuweichen. Doch Spencer kam so nicht nur schneller aus der Kurve raus als er, er konnte sogar seine scheinbar unkontrollierbare Fuhre noch im vollen Doppeldrift beschleunigen und hatte mit diesem haarigen Manöver viel Platz gut gemacht. Wimmer war tief beeindruckt.

Uns Europäer erstaunt, daß seit ihrem späten Einstieg in die Straßenrenn-Weltmeisterschaft, die von der in den USA fast unbekannten F.I.M. abgehalten wird, amerikanische Rennfahrer von vornherein erfolgreich waren und in ihren Klassen teils mehrfach die Titel gewannen. Pat Hennen, Steve Baker, Kenny Roberts, Freddie Spencer, Eddie Lawson, Randy Mamola sind oder waren absolute GP-Spitzenpiloten. Ihr Erfolg liegt nicht daran, daß die japanischen Werke etwa für ihre Werbung in den USA – ihren wichtigsten Markt – Identifikationsfiguren schaffen wollten. Die Amis verfügen über keine besseren Werksmaschinen oder Reifen als die europäischen Werksfahrer. Auch nicht über sensiblere Hintern als die.

Die professionellen Motorrad-Rennfahrer in den USA müssen allerdings alle von Anfang an durch die so lehrreiche Schule des Flat- oder Dirttrack-Racings. Über das große weite Land verstreut finden fast an jedem Wochenende, oft auch mitten in der Woche, Kurz-, Halb-Meilen, Meilen- oder TT-Rennen statt. In manchen Gegenden sind sie populärer als Rodeos oder die vielfältigen Autospektakel. So wie die Kombattanten dieser Veranstaltungen sitzen Tausende Dirttrack-Profis, oft mit ihren Frauen oder Schraubern, endlos in ihren Lieferwagen und schlauchen sich von Rennen zu Rennen. Viele schaffen neunzig, ja hundert Veranstaltungen im Jahr.

Leben tun sie von hart erkämpften Plazierungs-, seltener von Siegesprämien. Die meisten »Motorcycle Gypsies« starten schon darum in verschiedenen Klassen, für die sie jeweils eigene Rennmaschinen bereithalten. Haben sie die ausgeladen, können sie und ihre Begleiter im Frachtraum ihres Chevy-Vans pennen. Ihre »Diät« besteht hauptsächlich aus den bei solchen Veranstaltungen wahrscheinlich ausschließlich angebotenen Hot Dogs, Burgern und zuckrigen Softdrinks.

Die Rennen finden – bis auf jene auf den TT-Pisten, die über einige Kurven und mindestens einen Sprunghügel verfügen – auf dem losen Un-

Die XLR, hier als XLRTT, Bj. 1958, war von 57 bis 69 die bei 883 ccm belassene, aber mit Rollenlagern, heißen Nockenwellen, vergrößerten Ventilen und Magnetzündung ausgerüstete Rennversion der Sportster. Sie soll bei 883 ccm schließlich über 80 PS abgegeben haben. Ein nach England gebrachtes Exemplar gewann 1967 in der 1000-ccm-Klasse auf Anhieb einige spektakuläre Rennen. Weil sie aber nur in wenige Rennklassen paßte, kümmerte man sich wenig um ihre Entwicklung, und es wurden über die Jahre nur einige hundert Exemplare gebaut.

tergrund oval angelegter, meist noch für Pferderennen genutzter Bahnen statt. Der Belag wird mit Wasser und irgendwelchen Chemikalien haltbarer gemacht. Die meisten Piloten – wie Zuschauer – schätzen den »Cushion Track« am höchsten. Das ist die lockere, lehmige Auflage, die gerade in den Kurven mehreren Piloten gleichzeitig optimale Kraftübertragung bei spektakulärsten Drifts garantiert.

Wobei eben diese gewaltigen Broadslides und extremen Drifts die Cushion-Auflage schon nach einigen Vorrennen wegschleudern. Die Oberflächenbedingungen ändern sich eh' ständig. Ist ein Kurs wegen Regen, aus dem Boden aufsteigender Nässe oder zu viel versprühtem Wasser bei zu wenig Bindemittel zu naß, sind Driften sowie Rausbeschleunigen aus den Kurven kaum kontrollierbar, viele Piloten stürzen im Matsch. Der versprühte Dreck behindert außerdem die Sicht viel mehr als der aufgewirbelte Staub der Cushion-Tracks. Trocknen dann Streckenpassagen während der Qualifizierungsrennen auf, folgen spätestens beim Finale vor den verbliebenen Rutschstellen gemeine Positionskämpfe und Stürze.

Wenn Veranstalter andererseits beim Besprühen eines zu trockenen Kurses geizig sind oder wenig Ahnung haben, kommt es schon nach den allerersten Vorläufen dazu, daß der lockere Belag in der beanspruchten Ideallinie weggeschleudert wird und der Unterboden verhärtet. Meist passiert das aber erst nach etlichen heftigen Heats.

Die erste, von der XLR 883 abgeleitete Version der XR 750, mit Graugußzylindern wie -köpfen, Lowboy-Rahmen, Cerani-Gabel. Während ihres Einsatzes 69 bis 71 fuhren die neuen Grand National Champions nicht auf ihr, sondern auf englischen Marken.

Die durchdrehenden Reifen reiben sich dann auf der festpolierten Oberfläche viel extremer ab, färben die mit ihrem Gummi schwarz oder dunkelblau ein. Dabei schrubben die gut neunzig PS jedes Hinterrades in die gepreßten Lehm-Passagen immer tiefere Furchen (»Grooves«) ein. In diesem Zustand redet man von einem »Blue Groove Track«.

Nun kleben einerseits die sich erhitzenden Gummiflächen dieses Belags und der heißen Rei-

Dick O'Brien, langjähriger Rennleiter und Tuner Harley-Davidsons. Erst einer der wichtigsten Männer hinter den Erfolgen der KR, dann der Vater und Erzieher der XR 750.

Clyde Denzer, hier auf einer 1962er XLCH Sportster, war O'Briens langjähriger Assistent und Vize und wurde dann dessen Nachfolger. Hatte wenig Fortune und wurde bald von Bill Werner, Jay Springsteens Tuner ersetzt.

Auf den Halb- und Meilen Flattracks setzen manche Piloten für bestimmte Kurs-Konditionen die Federbeine mit Stahlschienen außer Funktion. Die Guß XRs fielen oft durch Überhitzung auf.

fen mit bis zu einem gemessenen G aneinander, andererseits hebeln die tiefen Rillen und Löcher den auf der unberechenbaren Haftfläche slidenden Piloten aus der Spur. Viele versuchen dann, in Windschatten-Duellen auf den Graden und Ausbremsereien vor den 180-Grad-Kurven Zeit gut zu machen. Veranstaltungen und Meisterschaften entscheiden sich für den, der die häufig wechselnden Konditionen sicher einschätzt und Fahrwerk wie Motorverhalten am besten darauf einstellt. Weil sich mehrköpfige Kurvendrifts am Schluß eines Rennwochenendes nur schwer beherrschen lassen, wirken sie um so attraktiver.

Steht man an einem Kurvenausgang eines Mile-Tracks, überwältigt den Zuschauer schon das Zuhören. In den Ohren vibriert der kompakte Block der auf der Gegengeraden geduckt anbrummenden Horde. Sie richten sich am Kurveneingang auf, kippen in Schräglage, beginnen immer extremer zu schleudern, bis sie, bevor sie weiter im Ovalbogen rutschen, kurz auf einen zufahren. Genau dann treffen einen voll mit einem Schlag die massiven Schallwellen der Summe in verschiedenen Lastbereichen laut brüllender, tief grollender oder heiser röhrender Urzeit-Motoren sowie überdeutlich das Abheulen, Jammern, Schmatzen und Zischen der rollenden, gequetschten und wegrutschenden Pneus.

Aufrecht mit überbeanspruchten Armen die bockenden Lenkerrohre packend, in noch mehr schleudernde Schräglage zwingend, dabei eigentlich mit Gasschüben oder Weglassen steuernd, stützen sie auf den abgestreckten, über den Boden hüpfenden linken stahlbeschuhten Fuß das letzte bißchen Balance. Einige erreichen noch tiefer gebeugt und noch härter mit Arm und Fuß hebelnd, mit ganz zur Kurvenaußenseite abgedrehtem Vorderrad ein paar unglaubliche Positionsverbesserungen. Worauf einen wieder andere erschrecken, die allemal im Oval vor dem Anfang der Geraden liegend mit viel zu frühem harten Aufreißen des Gasgriffs reagieren, was ihren Motor aufdröhnen, ihr abgewinkeltes Vorderrad hochsteigen und sie nur knapp einem Sturz entgehen läßt. Kurz bevor die Vorderen, von der Kurvenfliehkraft freigegeben, wieder eine aufrechte Haltung erreichen, fahren sie die ausgestreckten Fuß- und Arm-Tentakel ein, drehen ihre rechten Hände die Gashebel an den Lenkern voll auf, die linken werden zur Stabilisierung der unter Lasteinwirkung schwankenden Rakete um das Rohr der Vordergabel gekrallt. Sie ducken nun Kopf und Schultern nach vorn, drücken ihr Kinn auf die Moosgummiauflagen der Tanks, um sich vor Fahrtwind und Dreck hinter dem Blech der Startnummern zu verstecken. Manche versuchen, ins Windloch des Vordermannes zu gleiten, um sich von dem angesaugt ziehen zu lassen, andere wollen gerade aus dessen Schatten heraus an ihm vorbei. Dabei rast die immer noch eng aneinander schwärmende Meute auf ihren so dröh-

Vielleicht ein ganzes Baujahr XRs wartet hier auf seine Verschiffung.

Weil sie die Jahre vorher keine Bäume ausriß, vielleicht auch, weil sich 1972 weitgehend Sportster und Super-Glide änderten, hielt sich die Fachpresse über die neuen XR-750-Rennmaschinen dieses Jahrgangs anfänglich ziemlich zurück. Bemerkt wurde, daß HD seinen ersten Kurzhuber brachte. Die neuen Alu-XRs machten anders auf sich aufmerksam, sie holten schon in ihren ersten Rennen Siege.

nenden, nackten Maschinen lärmender, bedrohlicher und schneller als eine apokalyptische Schar an ihm vorbei.

Spitzenleistung der Maschine ist bei den Flattrackern überhaupt nicht begehrt, die verpufft, macht ihren Ritt nur schwerer kontrollierbar. Richtig im Kurvendritt auf den Antriebsreifen zu vermittelnde, dosierbare Kraft brauchen sie. Der XR-Motor scheint genau das optimale Verhältnis von Reifentraktion und sattem Drehmoment zu kennen.

Die Meilen-Rennen wurden bis vor kurzem von den Harley-Davidson-XR-750ern absolut dominiert. Mit ihren Viertakttwins gewannen weder die britischen noch anschließend die japanischen Werke gegen die XRs kaum einen Blumentopf. Ein wirklicher Einbruch gelang 1974 dem unvergleichlichen Kenny Roberts. Unter anderem auf seinem monströsen 120-PS-Yamaha-Dirttrack-Mobil mit dem wassergekühlten 750-ccm-Zweitakt-Vierzylinder aus der 750er-Straßen-Weltmeisterschaft.

Nach ambitiösen wie vergeblichen Versuchen, die Honda mit längs eingebauten, wassergekühlten 750-ccm-Twins auf Basis ihres bekannten CX-Motors anstrengte, brachte Honda einen luftgekühlten V2 heraus, den sie sich von ihren 750er-Shadows ableiteten. Als das Teil den großen Durchbruch wieder nicht brachte, kaufte sich Honda einige schnelle XRs von Privat-Tunern. Man verschiffte sie nach Japan, maß, studierte und bildete sie nach. Nur erhielten die Honda-Zylinderköpfe jeweils vier Ventile. Mit diesen Geräten brachte Honda-America den Achtventi-

Mert Lawwill

Mert Lawwill war mehrfacher Grand National Champion in den sechziger und frühen siebziger Jahren. Seine Mitarbeit an »On Any Sunday«, als ihn 1972 ein Filmteam während einer ganzen Saison begleitete, half, einen der faszinierendsten Motorradfilme zu schaffen.

Ach, was ist schon schlimm daran, gute Motorräder, lustige Frauen, lauten Rock und ab und zu ein kühles Bier zu mögen. In der Mitte »Pulsating Paula«, bekannte amerikanische Fotografin. Daytona 1985.

Die Harley-Modelle von Tamiya im Maßstab 1:6 sind mit ca. 40 cm Spannweite die Größten. Die 1200er Super Glide von 77 wollte ich mir statt im vorgegebenen Werkslack in Metallic customizen, hab sie aber ein wenig verhunzt. Eine unserer Regalzierden bleibt's allemal.

Tour Glide Gespann von 1983, noch mit Shovelhead-Motor, aber die neue Zeit bricht sich schon Bahn mit dem Fünfganggetriebe und dem neuen Rahmen.

Die zehn Drachen sind jünger als ihre zehn Harleys. Mich beeindruckt immer, wie solch wilde Buschen derart überalterte Motorräder als täglich hart rangenommene Individual-Chopper am Leben halten.

Wieder ging bei Harley-Davidson 1984 eine Epoche vorüber: Sonderedition der letzten Electra Glide mit Shovelhead-Motor, Vierganggetriebe und altem Rahmen.

Hier sind die, die für »The Look« verantwortlich sind. Links Willie G. Davidson, Vizepräsident der Firma und u. a. Chefgestalter, sowie sein Design-Partner Lou Netz. Zwischen ihnen die legendäre erste 1977er und vorn die aktuelle 1987 Low Rider Custom.

Nur ein Detail aus der ganz speziellen Designarbeit bei Harley-Davidson. Die Low Rider Custom sollte zum zehnjährigen Jubiläum eine daran erinnernde Lederauflage zwischen den Tankhälften erhalten – so wurde sie erarbeitet.

Nur ein paar von Hunderten von Studien: Die hängen deutlich sichtbar im kleinen Styling- und Designstudio, gefielen ihnen also selber gut. Prinzip der Designer ist, einen neuen Motorradentwurf nicht in bunten Filzstiftträumereien vorzulegen, sondern ihn in 3 D wie 1:1 komplett aufzubauen und dann erst die Firmenspitze über ihn entscheiden zu lassen.

Die Misses werden Willie G. (re.) wegen ihrer klassisch gestylten Formen gefallen haben. Miß Harley-Davidson-Endausscheidung (wir sind in The U.S.A.) beim Harley-Heaven, Saisonauftakt in Daytona. Die Präsenz dieses Mannes mit der Batschkapp ist auf vielen Treffen eine Belohnung für jeden Besucher. Wie oft hat er auch dem vorletzten Hillbilly-Biker erklärt, warum man nicht die Knucklehead neu auflegt oder warum der aktuelle Bigtwin-Rahmen so aussieht wie er aussieht.

Die XL 883 Evolution-Sportster von 1987, der preiswerte HD-Einsteiger, die der bundesdeutsche Importeur, die Harley-Davidson GmbH, auch in einer versicherungsgünstigen 27-PS-Version anbietet.

Softail Custom, Bj. 87, mit Riemenantrieb, hinterem Scheibenrad, 21-Zoll-Speiche vorne, aufwendiger Lakkierung. Hatte man im ersten Softail-Jahr bei den versteckten Gasdruckdämpfern das Gefühl, na, die hätten sie gleich weglassen können, find' ich die heutigen akzeptabel.

Softail Heritage 87 in Tourenausstattung.

Low Rider 87 im Hessischen.

Im nachhinein möchte ich mich bei den posierenden drei Grazien bedanken. Mit der 87er Electra Glide Classic in Marokko. Hin und zurück gut 7000 Kilometer: Benzinverbrauch per 100 km ca. fünf Liter, insgesamt ein drittel bis einen halben Liter 20–50 HD-Öl nachgegeben, den Sekundärriemen paarmal nachgesehen, aber nie nachgespannt, zweimal das Motorrad geputzt. Nix abvibriert unterwegs, alle Armaturen, Lampen, auch das Radio, funktionierten einwandfrei.

Der eine zieht ein zehn Dollar T-Shirt an, der andere läßt sich für 200 Dollar »Bar and Shield« in die Haut tätowieren. Der nächste kauft sich für 15 000 Dollar eine handausgestattete, sonderlackierte, von Willie G. signierte Spezialmaschine. Und dem hier – dem Motorrad-Narren und Unternehmer Malcolm Forbes – gefällt seine Softail-Heritage so gut, daß er sie sich für 60 000 Dollar als Heißluftballon nachbauen ließ.

Die Softail Heritage. Wie's in ihrem Prospekt so schön hieß: »Das Einzige, was aufregender ist, als woher sie kommt, ist, wohin sie geht.« Wo immer das ist, ich tät dabei gern den Lenker führen.

Mert Lawwill

ler zurück auf die US-Pisten und gewann endlich seinen ersten Grand National Champion Titel.

Doch auch Harley-Davidson spart sich heute gerne ein paar Entwicklungskosten und Mühen ein. Weil manche Piloten auf den Halb-Meilen-Strecken besser mit leichten 500- oder 600-ccm-Einzylindern als mit den XRs klarkamen, besonders aber für die TT-Rennen, wo die XRs zu schwer wurden, kaufte man in Österreich 25 Rotax-500-ccm-Viertakt-Motoren. Die werden nun mit HD-eigenen Fahrwerken besonders in der TT-Klasse eingesetzt.

Für die bessere Kühlung sind beide Auslässe vorn, hinten sind die Auspufftöpfe neu verlegt. Zwei 36 mm Mikuni-Vergaser besorgten die Spritversorgung. Die Leichtmetallmotoren brachten trotz ihrer vergrößerten Kühlrippen zehn Kilo weniger auf die Waage.

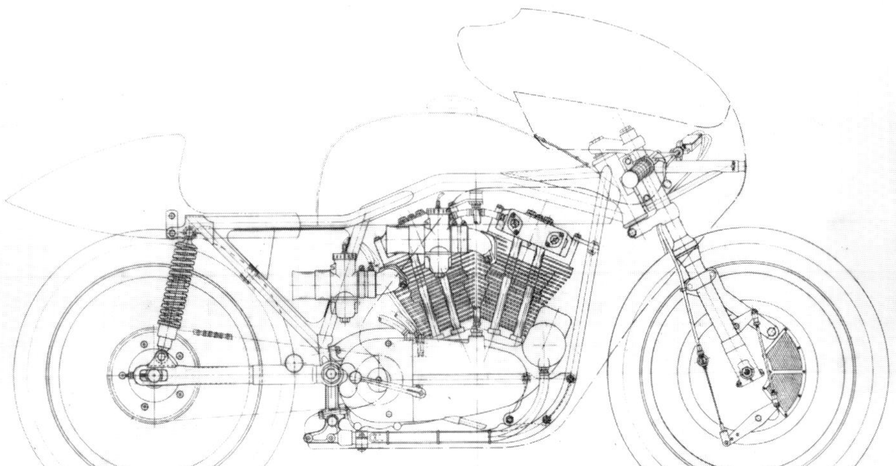

Technische Zeichnung der XRTT

Die XRTT sah bei den Straßenrennen gut gegen die europäische Konkurrenz aus, mit BMWs oder Italienern kamen ihre guten Piloten allgemein klar. Die mit viel Vorschußlorbeeren bedachten BSA- oder Triumph-Dreizylinder verwies sie insgesamt in die Schranken, genau wie anfänglich die viertaktende japanische Konkurrenz. Als die aber zweitaktend, wassergekühlt und vierzylindrig, ihre vom Bauprinzip herrührende Überlegenheit zu nutzen verstand, hatte die XRTT keine Chance mehr. Inzwischen erlebten die HD-Straßenrenner ein bejubeltes Comeback in der populären BOTT-Serie, den »Battle of the Twins« Rennen, wo sie sich spektakulär mit schnellen BMWs und besonders den Ducatis prügeln.

Hubmessung Rennabteilung

Einer der Gründe, sich auf Anfang März in Daytona zu freuen: Gene Church auf »Lucifer's Hammer«, dem von der H.O.G. – Harley's Owner Group – gesponserten XR Bott-Renner (»Battle of the Twins«). Er und Marco Lucchinelli auf Ducati sind die letzten Jahre jedesmal die frechen Eintrittsgelder zum Rennen wert gewesen, mal gewinnt der, mal der. Wichtig ist, was sie zwischen Start und Ziel bringen: Super-Duper!

Wie wenig sich äußerlich an dieser XR 750 von 1980 geändert hat, und trotzdem werden sie von Jahr zu Jahr ziemlich gut mit ihrer auch nicht schlafenden Konkurrenz fertig.

Stummfilm: Hommage à Jay Springsteen

Zwei, die sich nichts, aber einem beeindruckten Publikum immer wieder viel schenkten: Scott Parker und Jay Springsteen am Vorstart und im Rennen.

Große Rivalen Ende der siebziger/Anfang achtziger Jahre: Jay Springsteen und Randy Goss.

JAY
STEVE 11
Castrol
WISECO

Ein ganz anderer Spitzenpilot auf einer XR: Evel Knievel. Er war so ungefähr alles gewesen, vom Hilfsarbeiter bis zum Bibel-Vertreter, als er beschloß, sein Leben zu ändern und sich den Amis selber zu verkaufen. Dazu kam, daß er ein guter Fahrer und – wenn sich das Risiko lohnte – ein sehr tapferer Mann war. Er konnte nicht nur die Summen berechnen, die's zu holen gab, sondern auch, wie er sie kriegte, ohne sich dabei zu weh zu tun. In der AMF-Ära bezog er über Sponsoren-Abkommen einiges Geld von Harley-Davidson. Dort bestätigt man, daß er sich teuer verkaufte, aber an Abmachungen und Termine hielt und der Marke durch seine Aktionen eine gewisse Medienpräsenz bescherte. Mit immer mehr Propaganda ging's um immer mehr Geld und um immer gefährlichere Stunts. Eins ums andere Mal überbot er seinen grad noch gültigen Weltrekord im Lkw- oder Pkw-Überspringen, bis er sich paarmal dabei hinlegte, sehr weh tat und alles neu überdachte. Zu der Zeit beschäftigte er einen 20köpfigen Mitarbeiterstab, zahlte einen Lear Jet, zwei maßgeschneiderte Mack Luxus Sixteenwheelers, ein Headquarter und was sonst noch ab. Als er verletzt nicht fahren konnte, lizenzierte er Evel Knievel-Spielzeug, -Platten, -Bücher, -Filme (eine der Hauptrollen George Hamiltons) und tingelte von Schule über Handelskammer und Altersheim zu Anwalts- und Apothekerkongressen, wo er ergriffen Zuhörern seine Version des »American Dreams« verramschte. Schließlich wollte er den Grand Canyon überspringen, was man ihn nicht ließ, dann den Snake River Canyon. Zwar noch von HD gesponsert und mit Riesen-Aufklebern versehen, setzte er für den langen Sprung lieber eine Düse rein. TV und alles war dabei, als er kurz nach dem Abheben seines gestromlinten »Skycycle« die Haube öffnete und per Fallschirm absprang. Dann war es eine ganze Weile sehr ruhig um ihn, zuletzt hörte ich über ihn, daß ein Richter und eine Jury ihn wegen Steuerhinterziehung u. ä. für eine ganze Weile staatlich unterbrachten – Sie wissen, was ich meine.

Viva Knievel

Abgang AMF – Vaughn Beals, Willie G. und ihre Motor Company

Obwohl Harley-Davidson 1975 numerisch mit 75 000 Einheiten einen Spitzenverkauf abschloß, erschreckte die Zahl bei näherem Hinschauen. Schwere Qualitätsprobleme der in den USA produzierten Maschinen traten auf, die im Werk ebenso wie bei der Abwicklung der Garantiefälle viel kosteten. Die Hälfte der Absatzzahlen kam aus den teuer herzustellenden und zu verschiffenden, aber billigst zu verkaufenden kleinen Italo-Harleys. Die Japaner hatten sie im Klein- und Mittelbereich technisch und preislich schon überrundet. Die schönen sportlichen Erfolge der Zweitakt-Italo-Harleys auf den europäischen Rennstrecken konnten darüber kaum hinwegtäuschen. Die kosteten eigentlich nur Geld, und die Serie würde davon keine Anregungen haben. Außerdem streikten nicht nur die Amis, sondern auch die Italiener gern.

Es war also absehbar, daß der AMF-HD-Karren bald tief im Dreck stecken würde. Als AMF Ende 1975 darum bekanntgab, daß ein gewisser Vaughn Beals von nun an als Präsident der AMF Harley-Davidson vorstehen solle, glaubten selbst optimistische Beobachter, daß AMF nun einen weiteren Nagel in den Sarg der letzten US-Motorrad-Marke gehämmert habe. Beals schien für diese Position wahrhaft nicht allererste Wahl zu sein. Er hatte bis dahin noch nie auf einem Motorrad, geschweige denn auf einer Harley gesessen. Auch als kaufmännischer Manager hatte er sich noch nicht nachdrücklich empfohlen. Es mußte einem so vorkommen, als ob AMF-Chef Rodney Gott niemand besseren für den Kapitänsjob des sinkenden Harley-Dampfers hätte ködern können.

Vaughn Beals wuchs als Sohn eines Bostoner Buchhalters auf, studierte Luftfahrttechnik am Massachusetts Institute of Technology, schloß als Diplomingenieur ab, arbeitete in der Forschung diverser Werke, bis er nach und nach von mehreren kleinen High-Tech-Aero-Unternehmen erst als Entwicklungsingenieur, dann -direktor eingesetzt wurde. Als Harleys neuer CEO (Chief Executive Officer) verstand er es bald, seine Schwächen als wenig profilierte Spitzenkraft zu seinem Vorteil auszunutzen. Über die folgenden Jahre verstärkte er die Teamarbeit in der Firmenführung, gab seinen Managerkollegen mehr Verantwortung, besonders dem neu ernannten Vizepräsidenten und Designchef Willie G. Davidson. Dieser nutzte seine nun bessere Position für seine klassischen Entwürfe.

Beals lernte das Motorradfahren; nach der Anzahl allein der in den Medien beachteten Ausritte machte es ihm Spaß. Er führte spektakuläre Ausfahrten des HD-Managements an, z. B. von Milwaukee zur Eröffnung der Bikeweek nach Daytona, etliche tausend Meilen mit versiegelten Öltanks, was die gesteigerte Qualität der Bigtwins nachwies. Oder eine landesweite Grand Tour, bei der sie die meisten, besonders die lustlos-frustrierten HD-Händler besuchten. Um die bemühte er sich mit diversen Aktionen wie Rabatten, verstand es aber auch, sie gegebenenfalls mit Druck bei der Stange zu halten. Er verließ AMFs Hardliner-Haltung und begann einen grundsätzlich anderen Dialog mit den Gewerkschaften, was sich neben den Fertigungskontrollen langsam positiv auf die Motorräder auswirkte. Er blieb aber auch Realist genug, um die Entwicklungsabteilung des Werkes zu verdoppeln und ihr neue Denkanstöße zu geben.

Die alte HD-Tradition, in den mittleren und kleinen Klassen präsent zu sein, sollte wieder aufgenommen werden. Es wurde eine eigenständige, von den alten italienischen Aermacchi-Partnern unabhängige und so bisher nicht dagewesene Reihe neuer, leichter Harleys entworfen. Sie wuchs übers Prototypenstadium hinaus. Diese kleinen bis mittleren Harleys bis 750 ccm waren als V2 mit obenliegender, mit Kette angetriebener Nockenwelle geplant und sollten neben den bewährten großen Twins in ihren Klassen das Bestehen gegen die großen vier Japaner ermöglichen. Als beste Verteidigung gegen deren nicht zimperlichen Importeure galt nun der Angriff. Spätestens für Anfang der achtziger Jahre war die Einführung der neuen Motorräder geplant. Angestellte der Entwicklungsabteilung sagen, sie waren bis auf Designdetails fertig. Aber es unterblieb die In-Seriennahme der kleinen Reihe.

Der bis dahin AMF-CEO Rodney Gott, der das Harley-Management zwar knapp hielt, aber wenigstens an der langen Leine laufen ließ, wurde durch Tom York ersetzt, der eine neue Strategie verfolgte. Er meinte, wegen der nachlassenden Kaufkraft der Konsumenten den bisherigen AMF-Schwerpunkt von Unterhaltungs- und Freizeitprodukten auf krisenunabhängigere, rein industrielle Anlagen verlagern zu müssen. Er setzte im wichtigsten Hobbybereich des AMF-Konglomerats – Harley-Davidson – drastisch den Rotstift an.

Seine Rechnung war 1979/80 zwar nicht weitsichtig, aber immerhin verständlich. Bei ca. 280 Millionen Dollar Gesamtumsatz erwirtschaftete das Motorradwerk gerade mal 12 Millionen Dollar Gewinn. Und mehr als diese fettarme Marge sollte bei nachlassender Motorradnachfrage gegen dominierende Konkurrenz in die Produktionsvorbereitung der Mini-Harleys gesteckt werden? No Way! Beals trat deswegen als Präsident zurück, blieb aber mit HD als Group Executive des AMF Motorcycle Subsidiary in Verbindung.

Die Holiday Rambler Company kaufte Beals 1986, womit H-D zum Firmenverbund anspruchsvoller Freizeit-Fahrzeuge auswuchs. Siehe auch S. 232.

Noch unter seiner Ägide wurde für die Bigtwin-Reihe das neue Fünfganggetriebe entwikkelt, der Rahmen neu gezeichnet. Er fuhr sich zwar leichter, sah aber vielleicht nicht so schön aus wie der alte. Eine frühere Markteinführung des Fünfganggetriebes und des Tour-Glide-Rahmens unterblieb. Die V2-Evolution Bigtwin-Reihe wurde konzipiert, die die nunmehr ehrwürdigen Shovelhead-Motoren ersetzen sollte. Doch Ende der siebziger Jahre zogen mehrere Faktoren den Plänen dicke Striche durch die Rechnung. Die wirtschaftliche Rezession setzte ein.

Bei dem zwischendurch konzeptlosen Führungsstil gab es wieder mit der Belegschaft Probleme. Harleys Verkaufszahlen sanken noch tiefer, weil die Qualität der ausgelieferten Maschinen unter aller Sau war. Eigentlich jeder mit einem 79er- oder 80er-Bigtwin-Motor mußte sich z. B. in den ersten paar tausend Meilen die Ventilsitze erneuern lassen. Über die meist neutral durchgeführten HD-Testberichte in der Motorradpresse mit ihren endlosen Auflistungen von Problemen und Mängeln lachten Branche wie Publikum. Man darf annehmen, daß allein die Korrekturen der noch im Werk bemerkten Schlampereien sowie die Bearbeitung der endlosen Garantiefälle gegen Ende der AMF-Zeit allemal eine satte zweistellige Millionensumme gekostet haben. Die eigenen Unkosten mußten auf weniger verkaufte Einheiten aufgeschlüsselt werden, was hieß, daß die Preise weiter stiegen. An dieser Stelle schien der ums nackte Überleben kämpfenden Motor Company die letzte Chance genommen.

Jeder vernünftigere Manager als Beals hätte endgültig das Handtuch geworfen, sich seine Erfolge und Bemühungen bescheinigen lassen und einen neuen, weniger aufreibenden Job gesucht. Beals blieb nicht nur, er sammelte durch den AMF-Kurs unzufriedene Kollegen und überzeugte zwölf von ihnen, sich von AMF zu lösen

Vaughn Beals, lange H-D-Kapitän, heute – 1988 – Admiral der kleinen H-D-Firmenflotte.

und den Laden als neues HD-Management selber zu übernehmen.

AMF war nur zu froh, Harley endlich loszuwerden, verschenken wollten sie es aber nicht. Als Preis wurden 75 Millionen Dollar angesetzt. 10 Millionen brachten Beals, Willie G., Richard Teerlink und die anderen Manager aus eigenem Vermögen und noch mehr aus persönlichen Verschuldungen ein, der Rest mußte auf dem freien Kapitalmarkt besorgt werden. Wie fragwürdig von kühl kalkulierenden Kaufleuten HDs Überlebenschancen eingeschätzt wurden, beweisen die vielen Absagen, die sich Beals und der neue Vi-

Richard F. Teerlink, heutiger Finanzchef und Vizepräsident des H-D-Gesamtunternehmens, inzwischen auch Leiter des Motorradwerkes.

zepräsident für Finanzen, Richard Teerlink, auf ihren Betteltouren holten. Nach endlosen Versuchen, Kredite in Höhe von 65 Millionen Dollar einzubringen, überwies endlich die Bank der Citicorp Corporation, der z. B. der Diners Club gehört, AMF diesen Betrag. Die Kredite wurden mit 1,5 Punkten über dem bei den damals üblichen Kapitalertragsbedingungen liegenden Zinsenspitzensatz gewährt. Ihre Risikobereitschaft ließen sich die Citicorp-Finanziers also mit jährlich 12 Millionen Dollar vergolden.

Unter diesen Bedingungen hätte die wieder unabhängige Harley-Davidson Motor Company in den folgenden Jahren gerade mal die Zinsen berappen können und wäre zwangsläufig eingegangen. Inzwischen gelang dem neuen Management – trotz des HD besonders treffenden Niedergangs des Motorradmarktes – über langfristige Anlagen aus der Versicherungsbranche eine günstigere Umschuldung, dann über die branchenfremde Auslastung ihrer Produktionskapazitäten eine weitere finanzielle Beruhigung. Denn wegen den niedrigen Motorrad-Verkaufszahlen, der sorgfältigen Materialauswahl, dem vergleichsweise hohen Personalaufwand sowie der aufwendigen Verarbeitung kann Harley-Davidson vom Marketing und Preis her nicht mit der in Millionen-Stückzahlen rechnenden japanischen Konkurrenz mithalten.

Die Einführung einer neuen, wie auch immer gearteten eigenen HD-Generation in der umsatzstarken Mittelklasse hätte man ohne hohe Investitionen für Produktionsvorbereitung sowie intensiven Zeit- und Arbeitsaufwand nicht durchsetzen können. Um dem ächzenden Werk sowie den stöhnenden HD-Händlern ein weiteres Standbein zu bieten, war man bereit, über die HD-Organisation und den HD-Handel durchaus charaktervolle Motorräder – allerdings nicht als Harleys, sondern unter ihrem Originalnamen – zu vertreiben.

Nun folgten einige nicht sonderlich glücklich ausgegangene Verlobungen. Als Enttäuschung entpuppte sich der Versuch, mit Moto Morini ein Abkommen über den US-Vertrieb der schnuckeligen Morini-350- und 500-ccm-V2-Motorräder zu erreichen. Die Witwe Morini zierte sich erst, hielt sich einmal nicht an gegebene Zusagen oder Termine, ein andermal stellte sie neue Forderungen. So verlor das HD-Management die Lust an der sowieso nicht sonderlich begeistert angegangenen Balzerei um eine neue italienische Braut.

Ähnlich verlief es mit Überlegungen, das eingegangene Triumph-Werk in Meriden/GB zu übernehmen. Überhöhte Forderungen sowie die Einsicht, zur Qualitätssteigerung bald noch mehr in dieses Unternehmen stecken zu müssen, vertrieben den von einigen Vizepräsidenten des HD-Managements gerne gehegten Gedanken.

Harley beauftragte Porsche Engineering in Weissach, eine Reihe wassergekühlter V-Motoren bis zur Produktionsreife zu entwickeln. Im Lastenheft waren für die neue Generation folgende Wünsche angegeben: Je nach Modell sollten sich 500 bis 1200 ccm Hubraum auf zwei, vier oder sechs Zylinder verteilen. Zwei Nockenwellen pro Zylinderreihe waren vorgesehen. Dennoch sollten die neuen Triebsätze optisch an die bisherigen erinnern. Das Volumen des Auftrages betrug zehn Millionen Dollar. Billiger hätte man es in Milwaukee nicht geschafft. Während der Projekt-Ausführung besuchten immer wieder US-Ingenieure Weissach. So ganz konnten es ihnen die Porsche-Leute nicht recht machen. Mitarbeiter der HD-Versuchsabteilung erinnern sich, wie enttäuscht sie von der Klobigkeit des V4 waren, als sie ihn in Milwaukee erstmals aus der Weissacher Frachtkiste nahmen. Die ursprünglichen Hoffnungen, er wäre quasi einbaufertig verwendbar, erwiesen sich als falsch. Dennoch waren die Eckdaten des Motors sowie die Rahmenbedingungen des Vertrages attraktiv und Harley entwickelte mit Porsche ein modernes Preßstahl-Fahrwerk dazu.

Wie die restlichen Entwicklungskosten von ca. 20 Millionen Dollar und dann die gewaltigen Summen für die zu einer Produktion nötigen Räumlichkeiten und Werkzeugmaschinen zu finanzieren seien, erwies sich als Problem. Es war eine Investition, die erst nach langen Jahren Gewinne in Aussicht stellte. Ohne neue Kredite oder staatliche Subventionen war nichts zu machen. Bei US-Banken und Behörden war zu erträglichen Konditionen nichts zu holen, also wurden Verhandlungen mit ausländischen Regierungen in strukturschwachen Gebieten eingeführt. Schließlich böte solch ein Werk gut tausend (später vielleicht mehr) Arbeitsplätze. Besonders die Gespräche mit dem Westberliner Senat und der nordirischen Regierung gediehen weit, führten aber zu keinem abschließenden Ergebnis. Das

Zwei der Manager und Ingenieure, die mitverantwortlich bei der Durchsetzung verbesserter Produktionstechniken und den wesentlich erhöhten neuen Qualitätsnormen waren: Dave Gurka und Tom Gelb.

Nova-Projekt wurde nach Aussagen von HD-Verantwortlichen erst mal gestrichen; ob es noch realisiert wird, darüber wurde mir keine konkrete Auskunft gegeben.

Wer die Firma dennoch im konjunkturabhängigen Luxus-Motorradmarkt halten will, muß sich also Gedanken machen, wie er die Angestellten und Fabrikanlagen auslasten und langfristig sichern soll. Wer während der Reagan-Ära in den USA Geld verdienen wollte, der zog sich hochdotierte militärische Aufträge an Land. Den »Big

Spendern«, Sekretären und Generälen des Pentagon brannte ihr vieles Geld in den vollen Taschen, sie wollten alles ausgeben. Wobei sie kaum feilschten, nur immer wieder neues Zeug bestellten. Die Industrie des Landes kam anfänglich kaum nach, stellte sich aber dann auf diesen sicheren Markt ein. Der Erkenntnis, daß bei der Rüstung schnell viel Geld zu holen ist, konnten sich auch Beals und Teerlink nicht verschließen. Als Partner für solche Regierungskontrakte war Harley mit seinen nunmehr auch in York topqualifizierten Arbeitern sowie den Erfahrungen in industriellen Abläufen sehr interessant.

Ab 1983 fertigte man nun mit den durch den Motorradbau nicht ausgelasteten Kapazitäten in geringen Stückzahlen Hüllen für Übungsbomben der US-Air-Force – ein Auftrag, der jährlich knapp 20 Millionen Dollar brachte sowie im Unterkontrakt für die Beech Aircraft Corporation Antriebe für Flüssigkeitsraketen. Das bringt bei einem Produktionsaufwand von 20 Prozent einen Gewinnanteil von bald 40 Prozent. Was zeigt, wie eigenartig die Gewichte zur Zeit in den USA verteilt sind.

Als allerdings in seinem Umfang gern überschätzte Hilfe kam auch die von der nationalen Handelskommission der Reagan-Regierung vorgeschlagene und ab 1983 gegen japanische Motorräder über 700 ccm verhängte Schutztarifregelung. Als wichtigster Grund für diese Tarife galt übrigens neben der japanischen Überproduktion, den daraus resultierenden Halden und Dumpingpreisen das schamlose Kopieren des Harley-Davidson-Designs bis ins peinlichste Detail. Wie jeder Motorradfahrer weiß, haben heute die fernöstlichen Abklatsche noch charakterlosere Formen erreicht.

Diskutiert man Importtarife, so ist man zunächst beeindruckt davon, daß solche Einfuhrbeschränkungen in den USA nur nach einem riesigen Hin und Her und nur vorübergehend verordnet wurden, während sie in Europa und noch stärker in Japan jahrzehntelanger Usus sind. Ein Bundesdeutscher zahlt gut ein Viertel des Preises seiner Harley nicht dem Importeur, sondern dem Zoll, von anderen Steuern ganz zu schweigen. Die Organe unserer Republik greifen uns dabei noch vergleichsweise bescheiden in die Taschen. In Europa kassieren z. B. englische oder italienische Behörden mehr. In der BRD addieren sich aber durch schwer verständliche technische Vorgaben noch ein paar Hunderter dazu – wer glaubt z. B., daß das durch einen Ruck zu brechende, nichtsdestoweniger überall einzusetzende Neimann-Lenkungsschloß je einen Diebstahl verhindert habe? Ähnliches gilt für Lampen usw.

Wie auch immer, die Europäer halten sich im Vergleich zu der von der japanischen Regierung verhängten Maut zurück, die eine Einfuhr eigentlich ausschließt. Es war darum bei dieser unfairen Situation des Wettbewerbs wenig verständlich, daß die großen vier Motorradexporteure Japans anfingen, wie die Schloßhunde zu heulen, als die US-Regierung schließlich die vorübergehenden Schutzzölle verhängte.

Die begannen 1983 bei 35 Prozent für die ersten 7000 Jap-Bikes jeder Marke (bei zigfach höheren Gesamtimporten) und sanken progressiv auf 15 Prozent für die ersten 15 000 Maschinen 1986. 10 000 zu 10 Prozent wären es 1987 gewesen, doch Beals verzichtete auf den nicht so gewaltigen Wettbewerbsvorteil und bat die US-Regierung, die Schutzmaßnahmen ab 1987 vorzeitig aufzuheben.

Neue Besen kehren gut

Von keiner anderen Marke wird man heute so viele dreißig-, vierzig-, ja fünfzigjährige Motorräder erleben. Nicht in Watte gepackte Veteranen auf Kultveranstaltungen, sondern im Verkehr mitschwimmend und damit die Bemühungen ihrer stolzen Besitzer belohnend. Der über Generationen aufgebaute Ruf wird ein Hauptgrund des unzerstörbaren Harley-Davidson-Mythos sein. Kein Werbebudget könnte so etwas produzieren. Bei allem Stolz auf ihr großes Erbe kann die HD-Motor Company die Gehälter ihrer heute wieder 2500 Angestellten nicht von ihrer legendären Vergangenheit, sondern nur durch den Verkauf ihrer jetzigen Produkte bezahlen.

Hilflos vor ihren alles dominierenden fernöstlichen Konkurrenten standen HDs Verantwortliche spätestens seit dem Buyback von AMF vor der Alternative, entweder drastische Änderungen vorzunehmen oder als Marke unterzugehen. Wenig hilfreich wäre, weiter über die niedrigen Löhne der Japaner, ihre anspruchslose Mentalität, ihre unfairen Wettbewerbsmethoden, die mindere Quali- und Originalität sowie deren hemmungsloses Abkupfern von HD-Designs oder was auch immer zu jammern. Immer mehr Leute kauften nun einmal die japanischen Motorräder, und immer weniger fanden zur exklusiven HD-Marktnische. Wollte man das Schicksal der englischen Marken oder der Indians abwenden, galt es, ehrlich Bilanz zu ziehen. Denn die großen fernöstlichen Motorradfabriken verscherbelten natürlich nicht ihre Produkte über Jahre ohne Gewinn oder gar unter Selbstkosten, sondern erzielten ihre niedrigen Preise nicht zuletzt da

Der Capitol Drive Plant oder auch Butler Plant in Milwaukee's Vorstadt Wauwatosa, dessen heutige Motoren- wie Getriebefertigung wir uns auf den nächsten Seiten anschauen.

durch, daß sie bei Produktion wie Vermarktung viele Dinge vernünftiger anpackten. Weil sie sich nicht scheuten, zu lernen und sich eventuell dabei lächerlich zu machen.

Ob man ihre Motorräder mochte oder nicht, über das Management der großen Jap-Vier gab's nichts süffisant zu lächeln. Im Gegenteil, die Japse hielten die Fabrik in Milwaukee für eine bessere – manchmal auch schlechtere, allemal selbstgerechte – Schmiede. Nicht ganz zu unrecht. Bei den Amis hatte man z. B. wenig von der effektiven japanischen Kanban-Methode gehört, einem enorme Kosten sparenden Lager- und Qualitäts-Management. Oder die Just-in-Time Bandbeschickung. Das neue HD-Management lernte dies nun in Nachhilfestunden. Vaughn Beals, Willie G. Davidson, Clyde Fessler, Kurt Woerpel, Tom Gelb und andere vergaßen den Spruch, den viele Biker auf ihrem T-Shirt zeigen – »We don't care, how they do it in Japan« – und analysierten die Methodik der japanischen Motorrad- und Autofabriken.

Sie waren beeindruckt. Nicht Roboter, Elektronikeinsatz oder verschärftes Arbeitstempo ergaben den Produktionsvorsprung. Den wirklichen Unterschied machte die effizientere Organisation der Angestellten und Maschinen aus. Die Arbeiter erfüllen die ihnen übertragenen höheren Verantwortlichkeiten und setzen sich mehr für die Belange ihrer Firma ein. Die Maschinen werden schneller umgestellt und weniger umständlich genutzt.

Nach einer Denkpause schickte man unverbildete mittlere Manager auf „Statistic Processing Control"-Seminare an Unis. Ihre neuen Kenntnisse gaben sie in internen Kursen im Werk weiter. Arbeiter brauchten daran und an diversen Versuchen nur ca. 15 Stunden teilnehmen, Vorarbeiter und Manager mindestens 90 Stunden. Dabei kam das eigenständige MAN-System raus – „Material as Needed", was mehr war als eine Kanban-Anwendung.

Links oben: Der Tillitron Gear Coder, hier werden die Zahnräder und Nockenwellen für Sportster und FLH exakt ausgemessen und nach ihrer optimalen Paßgenauigkeit kombiniert. Jeweils vierzehn Sätze werden so markiert und dann zur Montage weitergereicht.

Darunter: **Die Cincinatti T-10 Einheit. In ihr werden die rohen Kurbelwellenhälften der XL-Reihe weiter bearbeitet.**

Unten: Mit dieser CNC-Fräsmaschine werden dann die Rohlinge für das Fünfganggetriebe weiter geschnitten und gespant.

Oben: **Die automatische Getriebereihe schiebt Stahlstangen durch sechs CNC-rechnergesteuerte Drehbänke, zwei Säge-, einen Schleifprozeß und gibt sie als Getriebe-Rohlinge raus.**

Unten: Der Arbeiter überprüft Bohrung und Ventilsitze des Evolution-Kopfes. Das Ergebnis trägt er rechts in die Statistical Operator Control (SOC) Liste. Berühren dort seine Linien die Toleranzgrenze, kann er sofort die Problemquelle suchen. Die SOC-Listen stehen an den meisten Arbeitsplätzen des Capitol Drive Plant. Weil mit SOC Fehler sofort erkannt werden und sie für niedrigere Toleranzen sorgt, senkt sie die Verarbeitungskosten bei steigender Qualität.

Mit MAN taucht jedes bei der Montage benötigte Teil erst dann und dort auf, wo es wirklich gebraucht wird. Damit das klappte, mußten die Zulieferfirmen, die eigenen Lager-, Zubehör- und Fertigungsabteilungen in das Programm einbezogen und aufmerksam koordiniert werden. Was nicht leicht war, denn die Gußfelgen kommen z. B. aus Australien, die Vergaser aus Japan, die Kolben aus der Bundesrepublik. Viele bei HD Arbeitende hielten das ganze für einen vorübergehenden Management-Spleen, der Anlauf in den Werksabteilungen dauerte seine Zeit.

Die Grundidee war, daß nun nicht mehr eine hohe Anzahl eines einzigen Modells exklusiv über mehrere Wochen oder Monate gefertigt wurde. Jetzt kamen anteilmäßig ihrer aktuellen Marktnachfrage die jeweils benötigten Harleys aufs Band. Vorher dauerte manchmal die Umstellung der Herstellungsmaschinen von einer Modellschicht zur nächsten Tage und Wochen. Nun wurden die Formen für z. B. die hydraulischen Pressen direkt bei den Pressen gelagert, während sie vorher mit Staplern aus einer Extra-Halle herbeitransportiert wurden. Die Einrichtzeiten auch der kleineren Maschinen wurden auf Bruchstücke ihres vorherigen Wertes gesenkt.

Die Lagerhaltungskosten an zur Produktion nötigem Material und Teilen sowie der dann fertig rumstehenden Motorräder sanken um zweistellige Millionenbeträge pro Jahr. Weil auf Bedarf produziert und regelmäßig ausgeliefert wurde, schonte man die nicht mehr lange in ihren Lagern verbleibenden Motorräder. Die empfindlichen Teile der Vehikel werden durch Schaumstoffauflagen geschützt.

Beim Rundgang durchs Werk gefiel uns, daß ruhig, scheinbar konzentriert und nicht hektisch gearbeitet wird. Uns kam's für eine Motoren- und Getriebefabrik erstaunlich sauber, leise und geräumig vor. Den großzügigen Platz haben die aufgelösten Lagerkapazitäten spendiert. Zum relativ geringen Lärm sagte man uns, daß viele Ma-

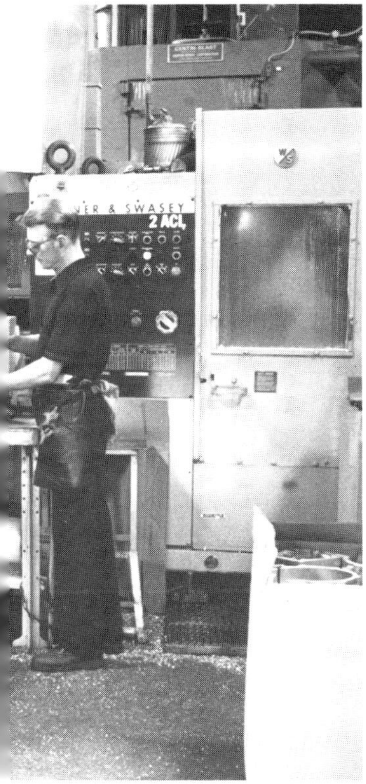

Oben links: Zugelieferte Teile wie FL-Kurbelgehäuse oder die deutschen Kolben werden nachgemessen, bevor sie in die Montage geleitet werden. Dieser Spezialist setzt seinen Micrometer an die Bohrung für das Kurbelwellenlager.

Links: Einer der abgeschlossenen Prüfstände, in denen jeder komplettierte Evolutionmotor auf Leistung, Lärm, Dichtung und Optik gecheckt wird.

Oben: Bei der Bearbeitung der Bigtwin-Ölpumpen wird SOC ebenfalls angewendet. Rechts ein Pult. Nach Möglichkeit vereinigt man Fertigung und Bearbeitung eines Bauteils in einer abgeschlossenen Zelle, um zwischen den daran Beteiligten eine enge Kommunikation zu gewährleisten. Die Kollegin führt Paßbohrungen aus.

Unten: Die Wärme-Behandlungs-Abteilung mit Kohlenstoff-Nitrierungs-Öfen, Zugöfen, Induktions-Härtungs und Glühmaschinen. Diese aufwendigen Prozesse werden wegen der besseren Qualitätskontrolle im Werk gehalten, obwohl Außenfirmen dafür günstige Angebote machten.

schinen neu, viele zusätzlich gekapselt oder isoliert seien. Auch Schmutz fiele deswegen weniger an. Des weiteren seien z. B. all die Herstellungsstufen einer einzelnen Komponente nicht mehr auseinandergezogen, sondern in Produktionszellen vereinigt. Außerdem werde einfach häufiger gesäubert, damit dicke Luft, dreckiger Boden oder allgemeines Staubaufkommen nicht die Stimmung verderbe.

Zu sogenannten Quality-Circles schließen sich die in bestimmten Kolonnen Tätigen freiwillig zusammen, besuchen Kurse zur besseren Kenntnis von Material oder Arbeitsabläufen, geben sich nach und nach niedrigere Toleranzvorgaben. Das „Employee Involvement" geht seit Jahren weit über das hinaus. Viele reguläre Managementsitzungen sind inzwischen öffentlich, alle Beschäftigten sind dazu nicht nur als Gäste zugelassen, sie nehmen auch an den Diskussionen teil. Ein aus Management und Arbeitervertretern gebildetes Job Security Committee trifft sich regelmäßig.

Der Gesprächston zwischen Arbeitern und Managern ist sachlich, freundlich, man redet sich mit Vornamen an, was unserem Duzen entspricht. Geht ein »hohes Tier« durch die Gänge, wird weder gebuckelt noch betont rangeklotzt, was uns beeindruckte. Na ja, wir Deutschen verstehen sowieso schwer, wie bei so lockeren Beziehungen zwischen Vorgesetzten und Untergebenen überhaupt was funktioniert.

»Harley-Hotline«, die kleine Werkszeitung, eher ein Flugblatt, wurde ausdrücklich zur Frechheit und Kritik ermuntert. In ihr wird z. B. Rechtschef Tim Hoelter gebeten, endlich eine seiner Präsentationen interessant zu gestalten. Willie G.s Sohn Bill Davidson, in der Verwaltung arbeitend, erhielt seine nicht immer virtuosen Umgangsformen mit Lotus 1-2-3, dem PC-Kalkulations-Programm, vorgekaut. Der Generalmanager des Butler Plant, Dick Davidson, wird gern wegen seiner gelegentlichen Ruppigkeit und seinen mangelnden sportlichen Aktivitäten ange-

Links oben: Jedes zusammengesetzte Getriebe wird auf angenehmes Schalten, Lärm und Dichtung geprüft.

Darunter: Pro Tag wird ein beliebiger, komplettierter Motor vom Montageband gezogen. Er muß dann in diesem Prüfstand mehrere Stunden bei wechselnden Belastungen laufen und wird danach noch mal in alle Einzelteile zerlegt. Dabei werden z. B. die korrekte Montage, etwaige Schäden oder die Drehmomente der Schrauben kontrolliert. Wo Abweichungen auftreten, werden sie zwecks Abstellung den betreffenden Maschinenführern gezeigt.

Oben: Das kombinierte, gemächlich laufende Endmontageband für sowohl Bigtwin-Motor und Getriebe als auch für den Sportster-Antrieb. Durch die MAN – »Material as needed« Lager- und die Inventar-Kontrolle flutscht der Montageprozeß, ohne daß sich Teilestaus oder Lücken ergeben.

Linke Seite unten: **Die computergeführte Cincinatti Milacron Cinturn Drehmaschine steht am Anfang der Kurbelwellen-Bearbeitung. Sie lädt und entlädt mit einem an ihr angesetzten Roboterarm.**

Das Harley-Davidson Glasfiber Werk liegt ca. 150 Meilen von Milwaukee entfernt in Tomahawk/Wisconsin. HD kaufte das Bootswerk, um von teuren und unbefriedigenden Zubehörlieferanten unabhängig zu sein und da unter Eigenregie u. a. Full Dresser Teile herzustellen. Ab 1969 lieferte man von hier die Koffer und Verkleidungen. Trotz des erfahrenen Personals dauerte es eine Weile, z. B. materialbedingte Schrumpfungen zu meistern, denn die zuvor hergestellten Bootskörper brauchten nicht so paßgenau verarbeitet zu werden. Ein weiteres Problem war z. B., auf den andersartigen Metall- oder Kunstharzteilen des Motorrades eine gleichartige Lackierung zu erzielen. Deswegen wurden bis Mitte der Siebziger Jahre Koffer oder Verkleidung weiß ausgeliefert. Wie man bei jedem HD-Händler sehen kann, sind heute Lackqualität und Gleichmäßigkeit Branchenspitze.

pflaumt. Auch Rennchef Bill Werner solle mal zehn Pfund abnehmen.

Sportliche Initiativen zur Vorbeugung von Infarkten werden gefördert. Je nach Lauf-, Radel- oder Schwimmleistung werden Punkte vergeben, die man in Sachprämien eintauschen kann. Es werden noch diverse andere Gesundheitsprogramme gesponsert. Selbst ältere Mitarbeiter zeigen ihre Identifiaktion mit ihrer Firma durch ihre Harley-T-Shirts.

Nun bleiben Manager nicht Manager, weil sie nett und freundlich sind, sondern weil sie rechnen können. Unterm Strich ergibt diese neue Art der Firmenführung folgende Zahlen:

Bei der Lagerhaltung wurden bisher ca. 30 bis 40 Millionen Dollar eingespart. Mit den neuen hohen Qualitätsnormen, die weniger Ausschuß, Nacharbeit oder Garantiefälle bewirkten, ersparte man mindestens ebensoviel und gewann nebenbei damit viele neue Käufer. Durch die enorm verkürzten Umstellzeiten der Maschinenstraßen stieg die Produktion deutlich. Die Einbeziehung der Belegschaft macht sich nicht nur in vielen schwarzen T-Shirts im Werk bemerkbar; Krankzeiten wurden um die Hälfte gesenkt, Fehlzeiten um 44 Prozent.

Evolution!

Beals konnte sich im Frühjahr 87 den vorzeitigen Verzicht auf die Schutztarife vor allem leisten, weil HD mit den Evolution-Modellen eine überzeugende Motorradgeneration anbietet, die viel verlorenes Terrain für Harley gutmacht. Trotz theoretisch konstruktiven Nachteilen, wie dem an und für sich unmodernen Stoßstangen-Motor, getrenntem Getriebe, nicht am numerischen Leichtgewicht fixierter, großzügiger Materialverwendung, finden sich heute wohl kaum bequemere und angenehmere Tourenmaschinen der großen Klasse. Vom Niveau in Stil und Ausstrahlung der serienmäßigen Custom-Bikes ganz zu schweigen. Die Verkaufszahlen erreichten die inzwischen auf 30000 reduzierte magische Grenze, die den Break-Even-Point, den Übergang zwischen Gewinn und Verlust, markiert.

Die Art und Weise, wie die neuen Evolution-Harleys von Motorradenthusiasten angenommen wurden, ermutigte nicht nur die Manager; jeder HD-Angestellte oder Händler fühlte sich moralisch angespornt. Nach vielen Verlustjahren – bis zu 20 Millionen Dollar per annum – schien das rundum totgesagte Harley-Davidson-Werk nach tiefster Krise wieder Fuß zu fassen und eine Perspektive zu sehen. Trotz insgesamt rückläufiger Motorrad-Verkaufszahlen steigerte Milwaukee seinen Ausstoß von Jahr zu Jahr. Und endlich wurde 1984, 1985, 1986 die Bilanz mit je zehn Millionen Dollar Gewinn abgeschlossen. 1985 erwarb man die Manufaktur für sportliche Trikes,

Seine Geschichte reicht bis 1978 zurück. Garantie- und Wartungsprobleme des Shovels veranlaßten die Konstrukteure, dessen Ausführung neu zu überdenken. Größere Zuverlässigkeit, gesteigertes Drehmoment, erhöhte Leistung bei möglichst weniger Selbstkosten waren gefordert. Erste Versuchsträger standen im selben Jahr, Konzept und Eckdaten 1979. Ab 80 paßte man bei einigen laufenden Motorrad-Modellen Rahmenhöhe und Motorbefestigung auf den zu erwartenden Neuling an. Eine kleine Sonderreihe Testmaschinen spulte über ein und ein Viertel Millionen Testkilometer und 5600 Stunden auf dem Prüfstand ab, bis der Evolution V2 ausgereift genug war, ihn 1984 an die Händler auszuliefern. Ursprünglich plante man, ihn schon für 1983 vorzustellen, trieb ihm aber lieber in diesem Jahr noch ein paar Mucken aus.

„Trihawk“. Doch die Investition für eine „Tri-Glide“ war hoch, ihre Absatzchance zu gering.

Die dramatische Entwicklung bei Harley-Davidson blieb nicht unbemerkt. Am 8. Juli 1986 fuhr Vaughn Beals auf einer 86er Super-Glide in Liberty-Sonderlack aus der Wall Street einbiegend in die Halle der New Yorker Börse. Dort gab er die Ausgabe von zwei Millionen Harley-Davidson-Vorzugsaktien im Nennwert von zehn Dollar sowie nicht stimmberechtigter Anteilsscheine in Höhe von 70 Millionen Dollar bekannt. Die bescheiden aussehenden, vom Computerprinter ausgedruckten Scheine fanden zwar in der sentimentalen Harley-Gemeinde, aber nicht so sehr unter emotionsloseren Investoren Zuspruch. Die Papiere sind wahrhaft keine Raketen, aber ihre Entwicklung seitdem ist halbwegs positiv und steht zur Zeit immerhin zwischen elf bis dreizehn Dollar per Anteil. Das Biker-Magazin „Easyriders“ stellt das in einer monatlichen Geschäftsgrafik dar.

In die Statuten der Harley-Davidson-Aktiengesellschaft sind schon wegen der wenig hemmungslosen Konkurrenz etliche Vorsichtsmaßnahmen gegen sogenannte feindliche Übernahmen eingebaut. Insgesamt durch den Börsengang nun besser mit Kapital ausgestattet, wollte man das HD-Werk durch weitere Einnahmebereiche außerhalb des Motorradsektors absichern und kaufte Ende 1986 – für 35 Millionen in bar und 120 Millionen auf Kredit – den profilierten Hersteller anspruchsvoller Wohnmobile, Holiday-Rambler. Wen's interessiert und wer sich so ein RV leisten will: Die Holiday Rambler liegen im Verkaufspreis zwischen 10 000 bis 180 000 Dollar.

In den mit viel Ehrgeiz konstruierten, aufmerksam gefertigten und voller Stolz präsentierten neuen Evolution-Motor schlichen sich anfangs ein paar inzwischen behobene Schönheitsfehler. In den Leichtmetallmotoren bewegen sich die Kolben in einer in den Zylinder eingelassenen Laufbuchse aus Guß. Das hat bekanntermaßen gute Gründe, weil sich Guß und Kolben besser aufeinander einstellen als Kolben und Zylinderwände aus Aluminium. Im ersten Jahr des neuen Motors hatte eine (oder einige) der Drehmaschinen im Werk, in denen die Guß-Buchsen bearbeitet werden, einen nicht auffallenden Defekt im Spannmechanismus. Bei den engen Toleranzen zwischen Wänden und Kolben riefen diese Buchsen, einmal eingebaut, verkauft und gefahren, wegen ihrer kaum meßbaren unrunden Form Kolbensetzer und Garantiefälle hervor. Das Capitol Drive Troubleshooter-Team fand die Ursache schließlich.

Weil das Werk für die Evolution-Motoren außer dem HD-Öl andere 20–50 Markenöle freigab, meinten manche Kunden, auch bei den anderen Schmiermitteln etwas einsparen zu können. Derart geizige Fahrer wurden von Harley-Davidsons erster Ölbadkupplung mit gelegentlichem, nicht abstellbarem Rupfen bestraft. Dafür strapazierten sie mit Garantieforderungen Händler und Werk. Dort eruierten Technik-Detektive, daß das Rupfen eben nur auftrat, wenn die Fahrer ausdrücklich gegen die Empfehlung verstießen, nur das dazu bestimmte HD-Öl zu verwenden.

Sobald Fremd-Öle eingegossen wurden, rupfte die Kupplung, und sie ließ sich das danach nicht mehr abgewöhnen, auch wenn dann das Fremd-Öl gegen das spezielle HD-Fluid ausgetauscht wurde. Es wurde nachkonstruiert, um die Kupplung anspruchsloser zu machen, um des guten Rufes willen übte man Kulanz. Weiter erschreckte im ersten Jahr ein sehr unangenehmes Rasseln im Zylinderkopf etliche Piloten: Ventilfeder gebrochen. Das stellte sich als Materialproblem eines geringen Teils der Federfertigung heraus und wurde behoben.

Solch gelegentliche Schwierigkeiten sollten die Sicht nicht verbauen. Wer, wie ich, Gelegenheit hatte, immer mal wieder die neuen Harleys zu fahren, hat wenig Zweifel, daß sie die schönsten,

Die FXEF, Super Glide Fat Bob, mit dem nur leicht veränderten Shovel-Rahmen war quasi die in die Evolution-Ära rübergezogene Super Glide und wie die der Einstieg in die große HD-Klasse.

Die Low Rider FXSB wurde 1983 mit dem zweifachen Belt-Drive der Sturgis und dem neuen Motor angetrieben. So verschmolzen die seit 1980 in Low Rider, das Ketten- und Sturgis, das Riemenmodell, unterschiedenen, aber sonst identischen Modelle wieder. Hier die FXSB von 1985.

Seit 1984 war die FXWG-Wide Glide definitiv nicht mehr Harleys Extrem-Chopper. Hier das 85er Modell.

stilvollsten und qualitativ anspruchsvollsten Motorräder unseres kleinen Planeten sind. Augenscheinlich hat die neue Motor Company die Kurve gekriegt. Wenn nur bei gleichbleibend guter Qualität die Preise etwas nachlassen würden . . .

Für einen EVP von bald 25 000.- DM – z. B. für die Electra Glide – erhält man heutzutage eine dezente Mittelklassenlimousine. Investiert man diese Summe in ein Motorrad, sollte man allerhand erwarten dürfen. Bei der Langstrecken-Bigtwin wird an Ausstattung, Verarbeitungsqualität, klassischem Design, Marken-Image, Prestige sowie Erlebnisfähigkeit einiges geboten. Ob einen das Preis-Leistungs-Verhältnis befriedigt, muß jeder selber wissen. Ich persönlich hoffe, daß mir der Verkauf dieses Buches hier im nächsten Jahr endlich genug für eine neue Blockhead E-Glide bringt. Ach ja, meine alte Shovel FLH möchte ich dabei natürlich weiter behalten.

Wer meint, ein gewaltiger 1340-ccm-Zweizylinder-Stößelstangen-Motor sei unmodern, hat sich nie mit dem V2-Evolution-Triebling fortbewegen können. Die volle Kraft aus dem Keller, die mögliche Schaltfaulheit bei immer bequem nutzbarem Drehzahlband, der wartungsfreie Riemenantrieb sowie die langstreckenfreundliche Sparsamkeit vermerke ich als Stichpunkte. Wenigstens für mich war es Genuß ohne Reue, neue Pressemaschinen zu fahren.

Wenn man sich ausreichend um sie kümmert, bieten das so oder so ähnlich auch die anderen Harleys, davon habe ich immer wieder in diesem Buch geschwärmt. Natürlich ist der Blockhead bei mehr Kraft weniger ruppig, weniger empfindlich. Hat einen mal der Hafer gestochen, braucht man danach weniger Angst zu haben, irgendwann am Straßenrand nach vergeblichem Eigenbemühen auf den Pannendienst zu warten. Darum möchte ich unter der reichhaltigen Ausstattung der Bigtwin-Tourer besonders *»das Hohe Lied des HD-Sound-Systems«* anstimmen. Wir konnten spät im November 86 die Pressemaschine der 87er Electra Glide Classic probefahren und nutzten die schöne Gelegenheit, mit ihr eine dreiwöchige Spanien/Marokko-Reise durchzuziehen. Natürlich hatten wir Stereogerät und Lautsprecher in der Verkleidung bemerkt, aber wie man so schön sagt, nicht realisiert. Denn unsere Gedanken kreisten hauptsächlich um Schneefreiheit der Pässe, warme Sachen, Regenschutz. Nicht im Traum dachten wir daran, vorher groß Kassetten aufzunehmen oder zu kaufen.

Mit dem Wetter hatten wir Glück. Zwischendurch regnete es zwar und auch der Nebel blieb uns nicht erspart, doch ab Lyon schien die Sonne mit zunehmender Wärme. Und ab da – locker und gemütlich – spielte ich mit dem Radio herum: Bei unserer üblichen Reisegeschwindigkeit von ca. 110 km/h war das einfach Super! Nun senden die Sender dort auf Französisch, was wir nur sehr begrenzt verstehen, und Discomusik mögen wir immer noch nicht. Also kauften wir fortan an jeder Rast- und Tankstelle ein oder zwei Kassetten. Talking Heads, Verdi-Arien mit Pavarotti, Beethoven-Konzerte, Tina Turner, Siouxsie and the Banshees, halt quer durch sämtliche Musikrichtungen. Bei Jethelmen kommen Nunancen sogar noch ans Ohr der Sozia. Den Kopf in »betonter« Luft und eine herrliche Landschaft – so angenehm sind wir noch nie den langen Riemen zu meiner Mutter Ferienwohnung bei Malaga runter- und zurückgerutscht.

Sage mir keiner, so ein Gerät sei nicht nötig. Meinetwegen ist es halt ein Luxus, aber einer, an den man sich gerne gewöhnt. Es sei mir gestattet, das »Harley-Davidson-Sound-System« – seit 1987 bei den Tourenmaschinen serienmäßig – weiter über den grünen Klee zu preisen. Dieses Gadget stellt m. E. das Optimum auf dem Gebiet der Motorrad-Tonberieselung dar. Nur zum Einschalten, Kassetten-Einlegen sowie zum morgendlichen Einpegeln der drehzahl- wie gangabhängigen Lautstärkeautomatik muß man vor der Fahrt die Hand zum Stereogerät heben.

Obwohl die Wide Glide auch 1986 mit dem klassischen Rahmen sowie einem Metallic-Flammendesign an ihre wuchtigen Anfänge erinnerte. Der Rang wurde ihr von der so erstaunlich logischen Softail abgelaufen.

Das Vorderteil der Softail FXST stammte unverkennbar von der Wide Glide. Aber die Sitzgelegenheit: Meine Herren! Tief, sehr tief, grad über dem jahrzehntelang vermißten alten Freund, dem Horseshoe-Öltank. Was absolut zweifelsfrei erstmal wie ein starrer Rigid-Frame aussah, war in Wirklichkeit eine von einem Schwingarm angelenkte Hinterrad-Schwinge, deren Gasdruckdämpfer horizontal zwischen den unteren Rahmenrohren arbeiteten. Das ist das 85er-Modell.

Softail FXST 1986. Motor und so weiter sind an diesem Ur-Teil nicht in Kunststoff gelagert, sie vibrieren einen ungehemmt an und wollen wohl damit ausdrükken, daß die FXST ein echtes Motorrad ist. Woran's wenig zu zweifeln gibt.

Während des Trips lassen sich leicht von den Lenkerhandgriffen aus, unterhalb der Blinkerknöpfe, per Daumendruck schalten und regeln: Wechsel von Mittelwelle zu UKW, Verkehrsfunk-Dekoder, Sendersuchlauf, Wechsel von Radio zu Band oder umgekehrt, Autoreverse, Anwahl des nächsten Stücks auf der Kassette oder manuelle Lautstärke. Das Gerät verwöhnt mit drei Wellen, pro Kanal 20 Watt, Dolby, Dynamic Noise Reduction, individuell regelbaren Bässen wie Höhen, tags und nachts gut lesbarer Digitalanzeige sowie Wasserdichte. Wem das noch nicht reicht, der hat die Möglichkeit, Passagier-Intercom sowie CB-Funk zuzurüsten.

Wer also bisher auf eine große Reise-Harley verzichtete, weil er sich beim Cruisen seiner geliebten Klänge zu enthalten hätte, kann nun dank der Volumen-Automatik sowohl bei Tempo 130 als auch an der Ampel wartend immer in angemessener Lautstärke entspannt und wenig auffällig lauschen.

Die Akustik dieses Motörchens läßt sich jedoch auch ohne Musikuntermalung genießen. Unverkennbar Harley-Davidson Bigtwin. Das mit der Knucklehead begonnene, über Pan- und Shovelhead führende V2-OHV-Konzept reifte in Charakter und Belastbarkeit während seiner vierzigjährigen Entwicklung weiter. Die Philosophie des ersten OHV-Twin unterscheidet sich kaum von der aktuellen, seine Alltagstauglichkeit allerdings. Gleich bleiben beim großvolumigen Shovel genauso wie beim Blockhead Hub – 1089 mm oder 4.24 inch – und Bohrung – 88,8 mm bzw. 3.498 inch, weiter Kurbelgehäuse und -welle. Der Hubraum blieb bei 1340 ccm, die Leistung stieg um ca. 10 Prozent, das fettere maximale Drehmoment lag bei niedrigeren Drehzahlen an.

Die Verdichtung wurde auf immer noch zivile 8,5:1 erhöht. Je nach Motorrad erhielt das nach Väter Sitte getrennte, aber fest angeflanschte Getriebe vier oder fünf Gänge. Beide Zylinder lassen sich miteinander austauschen. Zylinderwinkel wie gehabt 45 Grad. Kolben, Pleuel, Zylinderköpfe, Stößel und Nockenwelle sind neu. Die Kolben werden im Werk um zwei Achsen geschliffen, damit sie weniger an den Wänden der Büchsen schleifen. Sie sind nun flach und kürzer, bestehen aus Aluminium und zwölf Prozent Silikon. Jetzt drücken die hohlen Stößelstangen das Öl in die Zylinderköpfe, nicht mehr die separaten Steigleitungen. Darum staut sich das Schmiermittel nicht in den Ventilführungen, fließt auch nicht in den Brennraum, sondern läuft komplett zurück ins Kurbelgehäuse. Der Ölverbrauch sank auf geradezu unglaublich niedrige Werte, die kaum von der Konkurrenz erreicht werden.

Zur Service-Erleichterung bestehen die Rokkerboxen aus drei Teilen. Die Rockerarme sind leichter und wurden wie Tappets, Nockenwelle, Stößel und Pleuel vom Material wie Ausführung her verbessert. Die Ventile werden kürzer geöffnet. Sie hängen asymmetrisch im Zylinderkopf, im Einlaß 27, im Auslaß 31 Grad. Ihre Ventilteller sind schmaler, dabei reichen sie tiefer in den Brennraum. Die gerader geführten Einlaßkanäle haben schmalere Durchmesser. Der umdesignte Brennraum sowie der geänderte Sitz der Kerzen sorgen für schnellere Flammgeschwindigkeit bei niedrigen Brenntemperaturen.

Langer Rede kurzer Sinn: Einer der wesentlichen Gründe, sich für eine neue Harley zu interessieren, ist der sagenhafte Blockhead-Motor.

Die Custom Softail FXST-C von 86. Aluscheibe im Hinterrad, Sissy-Bar, zweitoniger Lack. Teils geschwärzter, teils verchromter, teils polierter Motor. Ich konnt' die Softail sowie die neue FXST-C einige hundert Kilometer fahren und war vom Fahrwerk fast mehr als von der Optik beeindruckt.

Die mußte ja kommen! Die Design-Überrumpelung des Jahres 1986: FLST, Softail Heritage 86. Vom FXST-Chopper diesmal der andere Weg zurück zum Tourer. Originalton Willie G.: »Uns gehört dieser klassische Stil seit Jahrzehnten. Wir haben ihn an der Funktion entwickelt und nie aufgegeben. Wir wiederholen ihn nicht, sondern verbinden ihn mit unserer heutigen Technik.«

Und ein Jahr später verbinden sie ihn bei der FLST-S, Softail Heritage-Spezial, mit nicht so funktionsgebundenem Schwulst wie zu weit hinten angebrachten Fransentaschen und Conchos am Sattel. Wobei Polizeischeibe und die zweitonige Blau-Creme-Lackierung schon gut passen.

Die FLT von 1985 war die erste Harley, die ich mich – obwohl ich weit vom Rotstrich des Drehzahlmessers entfernt blieb – wegen eines wichtigen Termins traute, stundenlang mit 150 bis 160 km/h über die Autobahn zu hetzen. Es hat ihr nichts geschadet, unterwegs ging nichts verloren, Bremsen und Fahrwerk spielten mit, Öl- und Spritverbrauch hielten sich in Grenzen.

Trotzdem war man sich in Milwaukee bei der Auslegung von Motor, Fahrwerk und Komponenten der Grand Tour Maschinen einig, daß der Pilot weiter spüren sollte, wie schnell er wirklich fährt. Den Konstrukteuren schien streßfreies Tempo 220 überhaupt nicht erstrebenswert, ein sinnloser und letztlich verrückter Irrweg. Drum geben die Harley-Davidson-Tourenmaschinen oder -Cruiser nach den heutigen verrutschten Maßstäben relativ wenig PS-Leistung ab, und gefallen eben deswegen mit ihrem rundum runden Fahrverhalten. Die aus der FLT geformte neue Electra Glide, FLHT von 1985. FLT wie FLHT hatten in diesem Jahr noch den schweren Luftfilter am Vergaser.

Grand Touring Edition der Super, Entschuldigung, Sport Glide, FXRD 1987. Wie schon bei ihrem Shovel-Vorgänger gesagt, fehlt ihr trotz guter Eigenschaften Flair oder Aroma. Sie ist ein bißchen das, was eine Harley nicht sein sollte: langweilig. Sie wirkt auf den Markt hinkonstruiert. Taschen und Sitzgelegenheiten sind nicht so geräumig wie bei den dickeren Dampfern, das Radio in der Verkleidung haut's auch nicht raus. Überhaupt die Verkleidung. Kein Japaner, aber warum sieht sie so aus?

Electra Glide Sport, FLHS. Nicht jeder mag eine Stereoanlage in der Verkleidung, dem reicht seine zu Hause. Eine Polizeischeibe reflektiert bekanntermaßen weniger Motorengeräusche und ist – ahem – windschlüpfriger. Aber die beiden außen so geräumig aussehenden Satteltaschen reichen für keine richtige Tour. Innen umformen sie die weit in ihren Stauraum reichenden hinteren Stoßdämpfer sowie den Öltank.

Low Rider Sport Edition, FXRS-Sp. Nachdem zwei Jahre lang fast bei allen Modellen die Krümmer der Bigtwin-Motoren mit einem potthäßlichen Ausgleichsrohr verbunden waren, haben sie scheinbar das dem zugrundeliegende Problem attraktiver und irgendwie anders gelöst. Bei der Low Rider von 1987 aber noch nicht. Darum mal kein Foto von der Steuerseite. Was aber links den Belt Drive deutlich zeigt. Bis auf die der Sportster-Reihe werden ab 1987 alle Harley-Davidson-Hinterräder von Zahnriemen rotiert. Kaum Leistungsverlust, keine Lastwechselreaktionen, kein Schmieren und so gut wie kein Spannen – dennoch viel leichter als ein Kardan. Na, da weiß ich doch, was ich vorziehe. Harley-Davidson kann sich gutschreiben, diese Kraftübertragung nicht nur mitentwickelt, sondern auch als Maßstab auf den Markt gebracht zu haben.

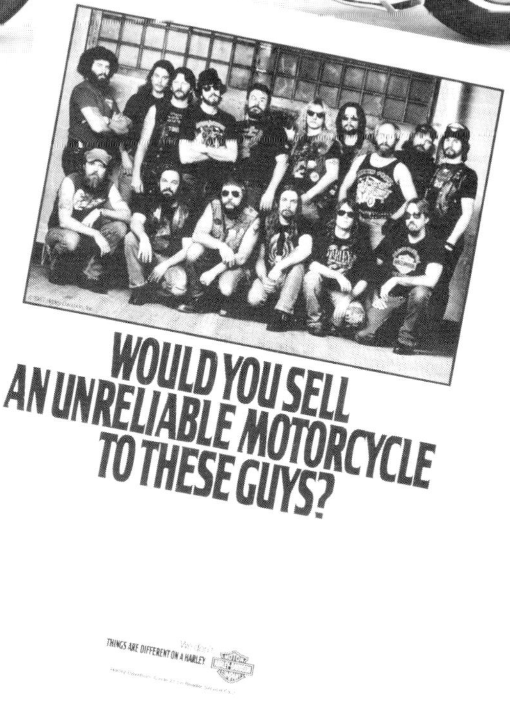

Im November '86 mit der 87er Electra Glide Classic auf dem »Rock« über Gibraltar (zwischen zwei Beispielen hervorragender Metallverarbeitung aus verschiedenen Jahrhunderten).

Abspann: So, da sind wir schon wieder . . .

So, da sind wir wieder. Der Sommer 87 war weitgehend verregnet, unsere E-Glide stand lang zum Überholen beim Haunsi. Darum schaute ich selten sehnsüchtig aus dem Fenster. Stattdessen wanderte ich optisch durch angesammelte, schwankende Berge von Fotokopien und Magazinen, verglich alte Fotos unter der Lupe, konzentrierte mich auf flüchtige Gedanken, die Tastatur, den Bildschirm unseres PCs und die leider nicht ganz »bugfreie« deutsche Version von Word-Perfect 4.2. Dazwischen drehte ich, wenn ich's nicht vergaß, alle Stunde Kassetten u. a. von David Allen Coe oder Willie Nelson um. Außer, daß ich die jetzt rückwärts pfeifen kann, habe ich an der Arbeit zu diesem Band einiges über Harley-Davidson lernen dürfen, von dem ich hoffe, es halbwegs korrekt weitergegeben zu haben.

Beim Durchsuchen von Archiven, Fotografieren, Kopieren, Sortieren, Zusammenstellen, Korrigieren, Kontakte pflegen usw. usf. war sie wieder sehr wichtig und half mir, den Abgabetermin nicht noch länger zu überziehen: Christel Holst.

Es gab keinen – ich wiederhole – keinen Autor, mich eingeschlossen, dem in seinen Arbeiten zu Harley-Davidson nicht etliche, manchmal üble Schnitzer reingerutscht sind. Wer war schon über achtzig Jahre der Firmengeschichte an den diversen Schauplätzen der HD-Historie aufmerksam dabei? Es passierte wiederholt, daß mir ein Sammler eine Harley zeigte, an deren Spezifikationen und Seriennummer ihr Baujahr eindeutig festzustellen war, das nach der Recherche eines Kollegen zufolge schon Jahre nicht mehr gebaut wurde, oder daß ich eine schöne 500er fahren durfte, die es eigentlich gar nicht geben darf. Manche als historische Fakten angesehene Schoten lassen sich bis zu ihrem ersten Erscheinen als Falschmeldung über sieben Bücher und vielleicht zwanzig Zeitungsartikel der letzten dreißig oder fünfzig Jahre zurückverfolgen.

Vor der eigentlichen Schreiberei habe ich mir speziell für diesen Bildband in den folgend aufgeführten Kellern, Büroräumen und Wohnzimmern beim Rumkramen, Stöbern, Fotografieren und Kopieren erleuchtende Erkenntnisse und dunkle Augenränder geholt:

Archiv und Presseabteilung der Harley-Davidson Motor Company; Archiv von Harrah's Automobile Collection; Pressestelle der Harley-Davidson GmbH; Österreichisches Motorradarchiv Dr. Helmut Krackowizer; Sammlung Joachim von Barnekow; Sammlung Bud Ekins; Sammlung Mike Parti; Sammlung Mike Shundo, Sammlung Carlo Heller; Sammlung Uwe Illgner; Sammlung Christian Timmermann; Standordner-Batterien, Papiergebirge und Ikea-Buchregal Christel Holst und Wolfgang Wiesner.

Soweit es ging, habe ich meine Daten aus Unterlagen des Werkes oder zeitgenössischen Publikationen übernommen. An von der Harley-Davidson Motor Company herausgegebenen Publikationen nutzte ich:

The Enthusiast, The Mounted Police Officer, Verkaufs-, Promotion- und Pressematerial der

Harley-Davidson Motor Company, Fahrer-Handbücher, Reparatur-Anleitungen, HD-Service Tips »Shop Dope«, Teile- und Zubehörlisten.

An Zeitschriften und Magazinen: Pacific Motorcycling, Western Motorcyclist, Motorcycling, Motorcycle Illustrated, Motorcycling & Bicycling, Motor Cycling, Publikationen des Antique Motorcycle Club of America, Easyriders, Hot Bike, Supercycle, Cycle, Cycle Guide, Cycle World, Walneck's Classicfieds, Motorrad.

Literaturverzeichnis:

Victor Page: »Early Motorcycles«, Arcadia, California

Stephen Wright: »American Racer I, 1900–1940«, Huntington Beach, Calif.

Stephen Wright: »American Racer II, 1940–1980«, Huntington Beach, Calif.

Jerry Hatfield: »American Racing Motorcycles«, Newbury Park, Calif.

Allen Girdler: »Harley-Davidson Buyers Guide«, Osceola, Wisc.

Joe Teresi (Hg.): »Earlyriders«, Agoura, Calif.

Joe Teresi (Hg.): »Tech Tips«, Agoura, Calif.

David K. Wright: »The Harley-Davidson Motor Company«, Osceola, Wisc.

Maurice Hendry: »Harley-Davidson«, New York, N. Y

Floyd Clymer: »A Treasury of Motorcycles«, New York, N. Y.

Floyd Clymer: »Floyd Clymer's Motor Scrapbook«, Ausgabe 1 bis 8, Los Angeles, Calif.

H. v. Drie/G. vd. Akker: »Harley-Davidson in Nederland«, Culemborg/NL

Mark Williams: »Road Movies«, New York, N. Y.

Wolfgang Wiesner: »Harley-Davidson – Mythos aus Chrom und Stahl« (Nicht das schlechteste!), Motorbuch Verlag Stuttgart

Wegen einer längeren Krankheit kann ich erst in der kommenden Auflage von „Harley-Davidson – Mythos aus Chrom und Stahl« auf die aktuellen Modelle und die letzten geschäftlichen Entwicklungen Harley-Davidsons eingehen sowie einige geplante Korrekturen unterbringen. Ich bitte um Verständnis.

Zur Verabschiedung eine letzte Bitte: Mit US-Autoren arbeite ich an einem neuen Projekt »Amerikanische Motorräder«, das hoffentlich irgendwann 1988 erscheinen wird und über weite Strecken Pionierarbeit darstellt. Wer unter den Lesern über interessante amerikanische Motorräder oder anderes historisches Material dazu verfügt und uns helfen will, der sei gebeten, mich über den Verlag anzusprechen.

Fotos:

Harley-Davidson Motor Company Inc., Harley-Davidson GmbH, Hans Weschta, Dr. Helmut Krackowizer, Gerhard und Hans von Bigtwin, Arthur Schrödinger, Peter Wolf (»Haunsi«), Uwe Illgner, M. Schrumpf, Archiv Motorpresse, Christel Holst und Wolfgang Wiesner.

UMRECHNUNGSWERTE

1 cubic inch (cu.in.)	=	16,4 Kubikzentimeter
21,5 cu.in.	=	350 ccm
30,5 cu.in.	=	500 ccm
45 cu.in.	=	750 ccm
61 cu.in.	=	1000 ccm
74 cu.in.	=	1200 ccm
80 cu.in.	=	1340 ccm
1 inch (in.)	=	0,08 foot 25,4 Millimeter
1 foot (ft)	=	12 inches 0,303 yard 30,48 Zentimeter
1 Kilometer (km)	=	0,62 mile
1 mile (mi.)	=	1609 Meter 1.760 yards
1 mile per hour	=	1,609 Kilometer je Stunde
1 gallon (US) (gal)	=	73,785 Liter 8 pints
1 pound (lb.)	=	0,453 Kilogramm

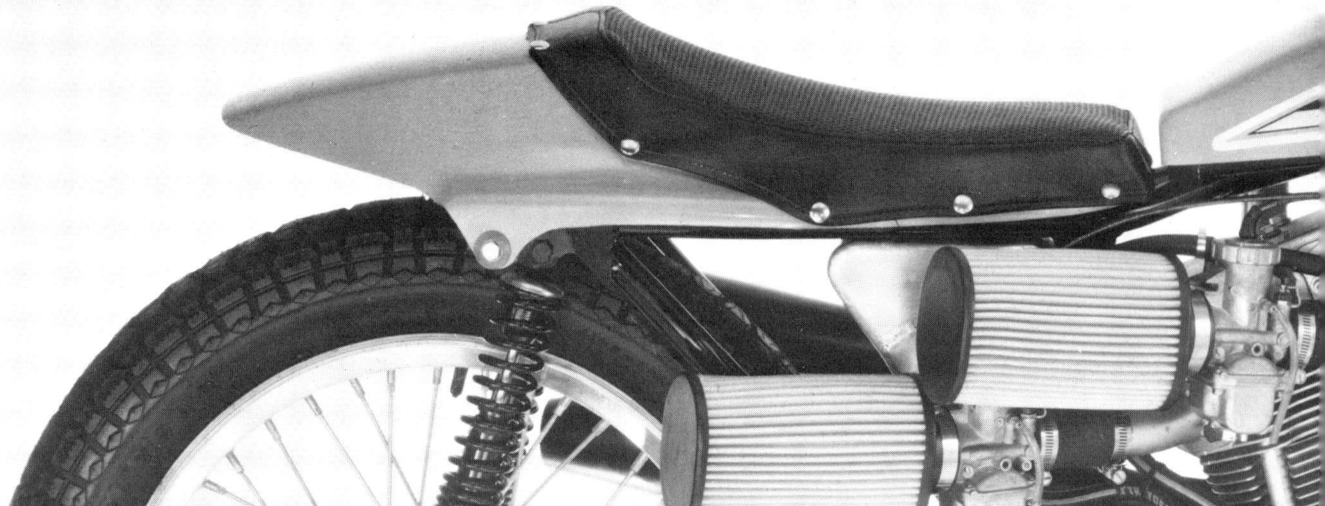